赦されて生きる

山本将信説教集

日本キリスト教団出版局

篠ノ井教会時代、牧会の傍らの農作業で収穫した玉ねぎ。著者と連れ合いの愛子。

（写真提供：『信徒の友』編集部）

はじめに

「山本先生は闘士だから、東海教区に来られると聞いて緊張しましたが、いやあ愉快な先生で、よく来ていただいたと感謝してます」。日本基督教団年金局の小林貞夫理事長（故人）の弁である。教団内の立ち位置は異なったが、小林理事長の先生に対する評価は高かった。岩村田教会・篠ノ井教会での山本先生は、農作業にいそしむ一風変わった牧師として、地域の人々にも好意をもって迎えられた。キング牧師の研究会、韓国教会との交流、東海教区での働きなどを通して多くの人が先生と出会った。そして多くの人が説教や「おとづれ」等のメッセージ、さらにその生き様に心を動かされた。先生はさまざまな人と交わり、さまざまな人から慕われた。

説教「赦されて生きる」にあるように、戦後の生家の没落と家族の離散で、山本先生は若くして自分ひとりの人生を歩むことを余儀なくされる。「盗人してでも生きていけ。そういう時はしてもいいと聖書に書いてある」との兄の言葉に送られて大阪に働きに出た先生は、紆余曲折をへて教会に導かれ、さらに東京で神学校に入り牧師となる。その途上、「何をしても生きていかねばならない」先生は、聖書を通して「それでいい、生きていけ」と赦すイエス様に出会う。

若い時も老齢を迎えても、順風の時も逆境にあっても人は生きねばならない。「何をしても生きていかねばならない」事態にも遭遇する。すべての人がそうだ。そして自分に与えられた「それでいい、生きていけ」は、それぞれにも与えられ、それぞれが赦されて生きている。私も生かされ、あなたも生かされている。この事実に目覚めた時、人は自由で寛容に生きることができる。多くの人に愛された先生の原点はここではないか。

終《つい》の棲家《すみか》のログハウスで家族や友人に囲まれ、病床の先生は穏やかであった。イエス様に「それでいい、よく生きた」と慰められたにちがいない穏やかさであった。

籔田　安晴

もくじ

「主の祈り」講解説教

「種まきの譬え話」講解説教

【凡例】文中の聖句は初出時のままとし、口語訳聖書と新共同訳聖書を用いた。
引用文の内容確認ができないものは、初出時のママとした。
その他、可能なかぎり著者の表現を残した。

赦されて生きる

赦されて生きる――わが回心の記

多くの人々が集まってきて、もはや戸口のあたりまでも、すきまが無いほどになった。そして、イエスは御言を彼らに語っておられた。すると、人々がひとりの中風の者を四人の人に運ばせて、イエスのところに連れてきた。ところが、群衆のために近寄ることができないので、イエスのおられるあたりの屋根をはぎ、穴をあけて、中風の者を寝かせたまま、床をつりおろした。イエスは彼らの信仰を見て、中風の者に、「子よ、あなたの罪はゆるされた」と言われた。

（マルコによる福音書2章2～5節）

本日はお招きいただきましてありがとうございます。本日の説教は、選ばれた聖句の講解説教というよりも、自己紹介の説教、証しの説教をさせていただきたいと思います。どのようにして私がイエスさまに出会い、そして牧師になったかという、私のパーソナル・ヒストリーをお話ししてイエスさまと神さまの恵みをたたえたいと思っています。

私は鳥取県の倉吉市という所で生まれました。生家は地主でした。本家は造り酒屋、つまり醸造業を営んでおり、その分家でした。兄弟はたくさんいたのですが、もう誰も生き残っていません。上から一夫、次郎、齋久《ときひさ》、初子、陽子、そして六番目の私、将信です。さらにもう一人腹違いの弟がいたのですが、彼も亡くなったと聞いています。実は後で調べたところ、もう一人、一夫の上に、照夫という兄がいたということがわかっています。幼少で亡くなったらしいのです。ですから正確に言うと八人兄弟ということになります。そのうちいちばん末っ子の私だけが今現在生き残っているわけです。

生家はキリスト教とは縁もゆかりもない家でした。その家を戦後の農地解放の激震が襲いました。日本の歴史において非常に重要な意味を持つ出来事ですが、わが家の歴史にとっては没落の第一歩を記した出来事でした。それだけではありません。当時国民病と言われた結核がわが家を襲い、没落に拍車をかけました。

その結核を持ち込んだのは長男の一夫です。私はほとんど覚えていないのですが、鉄道のトンネルを作る設計技師として国鉄本社に勤めていたということです。そこで結核を患って故郷に帰って来ました。悪いことに、地主だったわが家は大きな屋敷でしたので、親が長男を家に匿《かくま》ってしまったのです。これがいけなかったと思います。次々と皆に感染していきました。

母親は私が六歳の時に亡くなりました。その情景をよく覚えています。父親も私が小学校三年生、つまり一〇歳の時に亡くなりました。その前に、後添いの妻をもらっています。私の義理の母親にあたります。この父親の再婚がまた家の中を非常に複雑にしてしまいました。というのも、当時、次男の次郎は志願して軍隊に入っていました。その次郎に前もって何も相談せずに決めてしまったのです。それで、その後妻、つまり義理の母親になった人を連れて父が次郎の面会に行ったところ、激しく反対されたらしいのです。

やがて終戦となり、特攻隊に志願していた次郎が九死に一生を得て帰って来ました。後で聞いた話によると、飛行機が途中で故障して海に落ちてしまい、二日か三日漂流しているところを味方の駆逐艦に拾われたそうです。特攻兵が生き残って、しかも敗戦になって帰って来ました。その家には再婚を反対していた義理の母親がいます。これでは家が複雑になるわけです。結局次郎は義理の母親とはほとんど口をききませんでした。長男の一夫は亡くなり、二階に次郎が住み、私たちは階下に住んで、父と義理の母と姉がおり、結核で齋久《ときひさ》が寝ていました。そして父は次郎と妻の板挟みになって死んでいくわけです。

そんな中で私はというと、義理の母親にはかわいがってもらっていました。その義理の母親が言うには、「次郎さんとは軍隊から帰って来て三言《みこと》しか話したことがない」というのです。三言。それは父親の葬儀の打ち合わせのためにどうしても話さなければならないことだったそうです。わずか三言、意固地といえば意固地です。結局は義理の母は家を出されてしまい、その後次郎が見合い結婚をして家を継ぎました。子どもは一人生まれましたが、夫婦仲はうまくいかず、事業もうまくいかず、結局私が中学二年の時に家は破産してしまいました。

今ではそういうことはないと言われますが、当時は、破産すると家財に差し押さえの赤紙が貼られました。生活ができませんから、行き先が決まった者から自分の身の回りの物だけ持って出て行くのです。中学生だった私も子どものいない叔父叔母の所へ引き取られました。

家を継いで破産させた次郎はその後自殺しました。何度か自殺未遂をした後のことです。その死に方がすごいのです。片道の切符だけ持って奥津温泉という鳥取県との県境に近い岡山県の温泉宿に行って、最上級の部屋に泊まったのです。そして宿には「集金した金だから預かってほしい」と語って貴重品袋を渡しました。実際には一銭も入っていないのです。そうやって信用させておいて芸者を呼び、どんちゃん騒ぎをしました。最後に「これ送っておいてくれ」と芸者に手紙を渡してポストに投函させて死にました。それが遺書です。宿の人が翌朝起こしに行ったところ首を吊って死んでいたそうです。

その次郎の下に、齋久《ときひさ》という秀才の兄がいました。この兄が私とキリスト教との出会いを用意してくれた人です。

上の兄が一夫と次郎という、比較的普通の名前で、なぜその下の兄が齋久《ときひさ》という難しい名前なのかというと、鳥取県知事だった本家の祖父が特別に命名したのだそうです。しかしその秀才の誉れ高い兄も結核になりました。よく覚えていますが、ある日、洗面器を抱えて血を吐いているのを見ました。その兄がカトリックになりました。家で療養していたところを豊岡さんという鳥取大学の、村のただ一人の大学生が休みに帰省するたびに訪ねて来てくれていたのです。村の女性のあこがれの人だったそうで、私にもとても優しくしてくれた人です。その豊岡さんの導きで兄はカトリックになりました。うろ覚えですが、カトリックの神父さんが兄を訪ねて来たこともあります。

この齋久《ときひさ》は血を吐きながらもその後生き残っていくわけです。私にとっては大好きな兄で、病気がうつるから近寄ってはいけないと叱られつつ兄の枕もとでいろいろな話を聞いたものです。兄にとっても話し相手がいないわけですから楽しかったのだと思います、幼い私を相手にむずかしい話を一生懸命してくれました。その兄との語らいが、ぼんやりとではあるけれどキリスト教というものが私の前に姿を現した第一歩です。

やがてその兄を通して、私にとって決定的なキリスト教との出会いがありました。

一家離散した後、さきほど述べたように私は叔父の所に預けられましたが、その叔父の所も出ざるをえなくなり、新聞配達などをしながらどうにか中学を卒業しました。そして集団就職して大阪に出ました。大阪に出るちょうどその日は、地元の高等学校の合格発表の日で、私を見送りに来てくれた人は誰もいません。皆自分のことで精一杯だったのです。私にとってはとても悲しかった思い出です。その当時兄は医療保護を受けて病院に入院していましたから、別れの挨拶に行きました。都会なんて行ったことも見たこともない私です。その一五歳の私に、兄はこう言ってくれたのです。

「将信、ええか。どんなに食い潰れても死ぬんじゃねえぞ。食い潰れてどうすることもできなかったら、盗人してでも生きていけ。そういう時は盗人してもいいと聖書に書いてある」と。びっくりしました。「えっ？　聖書ってそんなことが書いてあるのか？」と。後になって実際に聖書を読んだ時、私が真っ先に探したのは兄が言った「盗人してでも生きていけ」という言葉です。一生懸命探しましたが、実際には、そんな言葉は書いてないということがわかりました。しかし、内容としては書いてあります。本日お読みした聖書箇所がそうです。それは、「赦されて生きる」ということです。

後に兄に、「兄さん、おれが出て行く時こう言ったよな？」と聞くと、「そんなこと言わない」と否定していましたけれども（笑）。私ははっきり覚えています。もちろん、私の理解の間違いだったのかもしれませんが、当時の私にとっては、聖書とは道徳倫理の書ではなくて、「生きていけ、盗人してでも生きていけ」という、「生きることへの許可」、赦しの宣言の書だったのです。実際に盗人にはなりませんでしたが、私にとってはすごい励ましでした。

これが私にとっての実質的なキリスト教との出会いでした。

こうして故郷を離れ、大阪で小さなタイプライターの修理工場の工員となりました。アンダーウッドやレミントン・ランドなどの英文タイプライター、日本の日邦タイプライターなどを扱いました。仕事は地下室のような所でガソリンに手を突っ込み、部品をワイヤーブラシで磨くことです。冬は冷たくてつらい仕事でした。切実な夢や希望がある人はそういう場所でも一生懸命働くのでしょうが、当時の私にとってはそんな仕事がおもしろかろうはずがありません。

その時の月給は四五〇〇円。そこから三〇〇〇円を食費で差し引かれ、健康保険などを引かれると残るのが一〇〇〇円を少し切るくらい。当時は夜間の高校に通わせてもらっていましたから、さらに授業料が引かれました。学校に行くのも別に勉強がしたかったわけではありません。行けば夜勤をしなくてもいい、ただそれだけの理由です。

その時一緒に働いていた工員に藤井ひでお君という青年がいました。彼も私と同じく中学生の時に両親を亡くしてお寺に預けられ、結局お坊さんにはならずに集団就職で大阪に出て来た人です。その彼が船乗りになりたいといって船の本ばかり読んでいるので、影響を受けて勉強そっちのけで船の本を読んでいました。二人とも日曜日になっても行く所がありませんし、遊ぶお金もありません。そこで自転車で神戸まで行き、港で船を見て、「あれは大阪商船」とか「あれは日本郵船」と言って遊んでいたのです。

その藤井君は船員の養成学校に入るためにお金を貯めていました。私も影響されて一緒にものすごい貯め方をしていました。食費三〇〇〇円を引かれるところを、「夕食は学校の食堂でします」と言って夕食分だけ払い戻してもらい、あんぱんや素うどんで安く夕食をすませて残りを貯金箱に入れていたのです。普通の貯金箱ではおなかが空いて貯めたお金を出して使ってしまいます。ですから、出せないように穴を溶接で小さくしてしまったのです。出す時は溶接屋さんに持って行かなければ開かないくらいにしておいたわけです。おなかが空いてフラフラするくらいでしたが、その当時二万円ほど貯めました。でもその無理がたたって、私は結核になって療養所に入ることになってしまいました。後日、藤井君は本当に船員になりました。療養所に彼が訪ねて来てくれて、とてもうらやましかったことを覚えています。

その療養所に入った時のことを後に看護師さんに聞いたところ、「大変なのが入ってきた」

と大騒ぎだったらしいのです。不良っぽい上に、絶望的な形相で入所しましたから。

でもその療養所で私はキリスト教と出会い、洗礼を受けました。

当時、療養所には、キリスト教の集会がありました。そこに出席した理由は実に簡単でした。かわいい女の子がいたからです。しかしそのうちにキリスト教に対してどんどん本気になっていきました。また、その集会で原田洋一という求道者仲間に出会ったことも大きかったと思います。

原田さんも不遇な生い立ちの人でしたが、その後通信教育で勉強して東京神学大学に入学し、牧師になりました。日本基督教団から発行されている月刊雑誌『信徒の友』の初代編集長であり、やはり日本基督教団から発行されている月刊新聞『こころの友』を最初に作った人です。私にとっては恩人のような人です。その彼から私はすごく影響を受け、いろいろと教えられましたし、勧められて聖書ばかりでなく小説も読みました。いちばん最初に読んだのが、ドストエフスキーの『罪と罰』です。

そんなある時、フッと彼に「高校を卒業して大学に行きたいな」と漏らしたのですね。そんなこと、当時は夢のまた夢でした。高校さえ単位を取り始めたばかりで、大学へ行くなど考えられない時でした。ただ、当時の思いとしては、結核になってしまった以上自分に残っているのは頭しかない、勉強するしかないという切迫した気持ちがあったのも事実です。そんな思いもあってなんとなく漏らした言葉だったのですが、原田さんはびっくりするくらいの大声で「信じる者はなんでもできる！　そうなるよ！」と言ったのです。「聖書にそう書いてあるよ」と。その声が私を本気にしてくれました。

その後彼は東京に行き、私は療養所を退院してからもう一度大阪に働きに出たわけですが、一年して「どうせいつ潰れるかわからない会社だから東京に出てこい」と原田さんに言われて、中卒でも入れてくれる小さな神学校というか聖書学校に入りました。そこは宣教師がやっている学校でした。三年間、午前中は聖書学校、午後はアルバイト、夜は通信教育の学びという生活をし、六年がかりで高等学校卒業の資格を取りました。正確に言うと「大検」(大学入学資格検定。現在の、高等学校卒業程度認定試験）に受かったのです。そして正式な神学校に入ったのです。本当に「信じる者は何でもできる」と原田さんが言ったとおりでした。

いざ神学校に入るという時、入学金が払えないので当時旅館で働いていた姉に相談しました。入学金ばかりでなく、半年分の授業料も出してくれないかとのお願いでした。その時姉に、「牧師さんってキリスト教のお坊さんかい？」と聞かれましたので、「そうだ」と答えたところ、「はぁ〜おまえがねぇ。キリスト教もいい加減だね。お前のような者が牧師さんになるっていうんだから」と言われてしまったのですね。内心ムッとしましたが、よく考えてみるとまったくそのとおりなのです。そんな私が牧師になれたら、これは一宿一飯の恩義以上の恩義です。私にはそんな思いがイエスさまに対してずっとあるのです。

その後も紆余曲折があり、つまずいて教会に行かなくなったこともありましたが、私はイエス・キリストさまと教会とには恩義があるのです。足蹴にできないのです。

牧師になってからも教団紛争があり、さまざまなキリスト教批判の嵐の中に巻き込まれました。それでも私は私を救ってくださったイエスさまの恩義を忘れることはできません。ですから、さまざまなキリスト教批判があっても「私は私を救ってくれた古臭いキリスト教の教義でやる、なぜなら私はこれで救われたのだから」との思いはずっと変わっていませんし、今ではむしろ強くなっています。

聖書学という学問上では「イエスは」などと呼び捨てで書いたりしますが、信仰を語る時は「イエスは」などとは言えません。私をお救いくださった方としての「イエスさま」なのです。敬語を使うのが私には自然なのです。

本日の説教題は「赦されて生きる」です。「盗人してでも生きていけ。聖書にそう書いてある」と言った兄はその後結核が治って就職し、二五年前に亡くなるまで生かされました。もちろん、その間もいろいろな出来事がありました。また入学金と学費を出してくれた姉も、後に東京に出てきて薬剤師と結婚して家庭を持ち、一三年前に脳出血を患って一昨年亡くなるまで生かされました。兄弟の中で、今、私しか生き残っていません。その私にとって聖書は、道徳の書などではありません。もちろんそういう面もあるのですが、「生きていけ！」「生きていってよろしい」と宣言してくれる赦しの書なのです。

歩けなくなった中風の男が四人の男に担ぎ込まれました。その男に向かってイエスさまは「あなたの罪は赦された」とおっしゃいました。「存在自体が迷惑」と本人も周りも思っていた人に、「あなたの罪は赦された」と主イエスは宣言しておられます。そして「起きよ、床を取り上げて家に帰れ」と言われました。彼は「赦された存在」として家に帰って行きました。

人は失意の床を取り上げて立ち直り、生きることが赦されています。ですから、生きていかなければならないのです。否、生きていくことができるのです。

「マルコによる福音書」講解説教

✿ なぜ怯えているのか

マルコによる福音書4章35〜41節

この物語は神の国のたとえ話の結末部分で語られています。弟子たちは神の国のメッセージで聞いた種を携えて「異邦人の地」である「向こう岸」に向かおうとしています。ここで言う「向こう岸」とは私たちにとって福音を、イエス・キリストを信じたがゆえに懐《いだ》くようになった「志」のことです。理想と言ってもいいでしょう。私たちが今立っている今日と、志によって見ている明日との間は陸続きの散歩道ではありません。安全な石橋などないのです。そこには危険な海が横たわっているのです。「石橋を叩いて渡る」という諺がありますが、叩けるような石橋などないのです。現状と願望、現実と理想との間には危険な海があって、「向こう岸」に渡るには小舟で乗り出す勇気がいるのです。

志という「向こう岸」を持たない者にとって、危険な冒険など起こりようがありません。また「向こう岸」という理想や志を眺めているだけでも危険はありません。「向こう岸」には漕ぎ出さなければ近づくことさえできないのです。でもそのためには力は十分であろうか、うまくこの海を越えられるだろうか、考え始めればきりなく心配ばかりが生じます。

「石橋を叩いて渡る」という諺をもじって、第一次南極越冬隊長をされた西堀栄三郎さんが『石橋を叩けば渡れない』（日本生産性本部）という実におもしろい本を書いています。完全にリスクのない新しい事というのはないと彼は書いています。リスクの中には不成功というリスクが入っているわけです。失敗するのは事前調査が足りなかったからだと言われますが、完全にリスクを防止できる調査などあるはずがないというのが西堀さんの考えです。あらかじめ心配したことと実際困ったこととはおおよそ違うのが常です。未知の南極越冬を終えて帰って来て何がいちばん怖かったかと聞かれたそうです。答えがおもしろいのです。「人間」だそうです。次が「すべてが道であるということです」と言うのです。

ともあれ「自信」という石橋を叩くと、だんだん心細くなるだけで、結局渡れなくなります。「自信」という石橋をあらかじめ叩いてみて、力強く頼もしい音がしたためしがありません。空き缶を叩いた時のような音しかしないものです。無思慮や無謀は慎まなければなりませんが、やはり冒険なくして「向こう岸」には近づけないのです。

自信というか信仰や知恵なくして「向こう岸」に渡れないのも事実です。けれども、それはあらかじめ机の上で得ることはできません。「向こう岸」に向かって漕ぎ出した後で、揺るがされ、脅かされて育てられるものではないでしょうか。初めから自信などありえないし、仮にあってもその自信など頼りになるものではありません。

その証拠に十二弟子は荒れる海の中で狼狽《ろうばい》しています。十二弟子のうち、少なくとも四人はこのガリラヤ湖の漁師です。この湖を渡る自信がなかったはずはないのです。自分の庭のようなものです。隅から隅まで知っているはずです。この知っているはずの海が、神の国の志を持って渡る時、まったく違った様相を呈し始めたのでした。気軽な日常、つまらない日常も、神の国の志を持つと、厳しい日常、冒険に富んだ日常に姿を変えるのです。ペテロもヤコブも狼狽しました。あらかじめ持っていた自信も信仰も勇気も試されたのです。試されなければ鍛えられません。鉄は溶鉱炉で精錬され、人間は試練の坩堝《るつぼ》で鍛えられるのです。

この嵐の海の中で、必要な信仰も自信も、そして知恵も神は与えられます。机上であらかじめ与えられないのが信仰です。一歩踏み出す勇気です。ただし、勇気が必要なのは最初の一歩です。極端に言えば最初の一歩だけです。踏み出してしまえば必要なのは勇気ではなく、忍耐とか、切り抜ける技量とか、落ち着き、あるいは絞り出される知恵です。そして失敗も含めて経験は知恵や練達を育ててくれます。

「向こう岸」とは陸続きではありません。漁師であれば、小舟は十分の大きさかもしれません。けれども神の国の志を持つ者には小さ過ぎ、志は重すぎます。海は荒れ、小舟は揺れ、波が打ち込み、翻弄されます。私たちは試されます。試されて狼狽しない者はいません。

このような危険な状態になれば、しなくてもよい争いが得てして始まるものです。こんな会話が聞こえてきます。

「お前さん、それでも漁師か。その漕ぎ方は何だ」

「てやんでえ、そんな口を叩く暇があったら舟から水を掻《か》き出せ」

「おい、引き返そうや。俺、もう嫌だよ」

「なに言ってんだ。今舟を反転して見ろ。横波くらってひっくり返っちまうぜ」

「言わんこっちゃない。夕方になって漕ぎ出すこと自体が無謀だったんだ」

「誰が向こう岸に行こうなんて調子のいいこと言ったんだ」

「今更何を言いだすんだ。嫌なら来なきゃよかったんだ」

「われわれは無方針、無定見の犠牲者だ」

「そんな評論家みたいなこと言うな」

「言うなら、漕ぎ出す前に言えよ」

「大体、イエス先生も先生だ」

「こんな時によくも眠っておられるもんだ。この無神経さに俺、耐えられないよ。先生がこんな無神経な人だとは思わなかったよ。まったく」

しかし主イエスは「眠っておられた」のです。ここが重要なことです。「眠っておられた」とは沈黙しておられるということです。「眠っておられた」とは、任せ、委ねておられることを意味します。イエスが眠っておられることは安全であり、安心であることです。弟子たちは「先生、わたしどもがおぼれ死んでも、おかまいにならないのですか」(38節)と言ってなじります。しかし考えてみましょう。先生も同じ舟に乗っておられるのです。おぼれ死ぬことがあるとしても一緒ではありませんか。イエスは私たちの運命と共におられます。

これこそが信仰のいちばん肝心なことではありませんか。

この湖の突風は突如として吹き、突如として収まるのが特徴だそうです。イエスの言葉がたまたまこの現象と一致したのだと解する人もいます。その詮索がさほど意味があるようにも思えません。また「自然をも支配されるイエス・キリスト」を強調する人もいます。私はしかし、十二弟子、また原始教会が遭わなければならなかった迫害、すなわち「嵐の中の教会」と、その歴史の嵐を治められる神の支配がここでは暗示されていると考えます。私たち、そして「嵐の中の教会」は、韓国で、フィリピンで、東欧で、ラテン・アメリカで、イエスを信頼して慰められ、嵐に立ち向かう勇気を与えられ、また嵐を静められる主イエスに励まされているのです。

主イエスは嵐に向かって「静まれ、黙れ」（39節）と叱責されます。パニックに陥っている弟子に対しての言葉でもあります。恐れなければならないのは、恐ろしい嵐よりも、弟子の恐れ自体なのです。高ぶる神経、責任のなすり合い、主イエスへの不信、舟の中での騒ぎ……。嵐の中でなくとも転覆しかねません。なので主イエスはお叱りになるのです。「なぜ、そんなにこわがるのか。どうして信仰がないのか」（40節）と。神経が高ぶり、パニックに陥っている者、危機感に動揺して落ち着きをなくし、深刻な悲壮感に捕らえられている者にとっては神は眠っておられるように見えます。

「主はあなたの足の動かされるのをゆるされない。あなたを守る者はまどろむことがない」（詩編121編3節）

静まらない嵐はないのです。治まらない混乱もないのです。東京教区総会が二〇年ぶりに開かれました。感無量です。あの時（教団紛争時）、私は三〇代だったのです。歴史の嵐にもまれたのは東京教区だけではありませんでした。この教会はその代表格の一つでした。礼拝が粉砕されました。会衆が立ち上がると、いわゆる「問題提起者」と自ら呼ぶ若者が座り、会衆が座ると、立ち上がって叫ぶのです。要するにわれわれは礼拝ができないのです。世界中を吹き荒れた嵐でもありました。どのような説得も功を奏しませんでした。私の理性はマヒし、思考能力は停止状態です。日曜日は容赦なくめぐってきます。そのような騒ぎが一年近く続きました。何が問題だったのか、今でも説明困難です。自らの意志で礼拝を止めまい、警察の力だけは導入すまい、この二つが心に決めた方針でした。それ以外は何もなかったというのが正直なところです。

この二つの方針を貫くために会堂を明け渡し、都内四か所に分かれての分散礼拝をしました。ボクシングジムにぶら下がっているサンドバッグのような有様で、ただただ左右から殴られるだけで手の施しようがなかったのです。そのうち静かになりました。論争に勝ったのではありません。殴る方が疲れてどこかに行ってしまったのです。嵐は去ってしまったのです。私たちはじっとして今までどおり礼拝をしていただけです。収まらぬ混乱もなく、静まらない嵐はないのです。

「向こう岸」に至るには、なお多くの試みを経なければならず、そのたびに不信仰に陥り、主に叱責されねばなりません。叱られることによっても私たちは養われるのです。何もしないで失敗しないよりも、失敗し、叱られ、そして学んだ方がはるかによいのです。

志のない安全よりも、志に生きて危険な方がよいのです。「なぜ、そんなにこわがるのか、どうして信仰がないのか」。今の一歩が次の一歩を保証します。勇気が勇気を生みだし、信仰が信仰を育て、自信が自信の元手となります。今私たちにとって必要なのは「向こう岸」という志に向かって、漕ぎ出すことです。そして試みの中で主に呼ばわることです。試みによって鍛えられることです。

✲ 正気になって

マルコによる福音書5章1～20節

人間を人間たらしめている五条件があります。それは、「信」「望」「愛」「自由」、そして「誇り」です。人間であるためのこの五つの基本条件のどれ一つを欠いても人格全体が崩壊の危機にさらされます。それほどに決定的なものだと思います。この人間の条件は個人の内面深くで確立されなければならないばかりでなく、社会関係の中で実現されなければなりません。福音が人間の内面ばかりでなく、社会的広がりを持つ理由がここにあります。

「悪霊に取りつかれたゲラサの人」はこの条件がことごとく脅かされ、破壊されています。これは私たち個人と社会が脅かしているものの象徴的、典型的物語と言えます。「だれも彼を……」と人々の見離しが語られることで信頼からの疎外、「いと高き神の子イエス、かまわないでくれ」（7節）という訴えで信仰からの疎外、「墓場を住まい」（3節）としていることで希望からの疎外、「石で自分を打ちたたいたり」（5節）することで自分への愛からの疎外、「足枷《かせ》や鎖で縛られ」（4節）ることで自由からの疎外が物語られ、そして物語全体も人間としての誇りが打ち砕かれてしまっていることを語っています。

この物語を読むに際して、気になることがあります。そもそも「悪霊」をどのように理解すればいいのでしょうか。たとえば「こころの病気」を「悪霊に取りつかれた病気」と医師が定義するわけにはいきません。あるキリスト教の辞典の「悪魔」の項目を引くとこう記されています。「悪魔は理性を持つ霊であることに変わりない。悪に懲り固まっていて、生物や無生物にある程度影響を与えることを神から許されている」。これは一時代前のキリスト教の悪魔に関しての見解だと思います。今でもある教派や宗派はこのように考えているようです。ですから「悪魔祓い」などの儀式もあるわけです。もちろん今日の医学はそのような見解を持っていませんし、持つべきでもありません。そうしますと聖書に記されている「悪霊」は昔話として一蹴してしまえばいいのではないかという問題が生じます。聖書を拠り所とする者として「悪霊」をどのように理解するかは決して小さい問題ではないわけです。

まず、「悪霊」は神話概念であることをしっかり押さえておかなければならないと思います。しかし神話概念であるからといって、それが荒唐無稽で取るに足らない話という意味ではありません。たとえば小川のせせらぎを見て詩人は「小川が歌う」と表現します。しかし物理学者に説明させれば決して「小川が歌う」などとは言わないはずです。だからといって詩人の歌と物理学的説明が対立するわけではありません。それに似ていて医学的真理と宗教的真実が対立するわけではありません。医学的真理と宗教的真実とは決して並行でも対立でもないし、並行や対立であってはならないと思うわけです。

一説にはパウロは癇癪持ちであったという説があります。もしそうなら、彼は自分で自分をコントロールできない症状を経験しているわけです。そのパウロはローマ書7章では人格破壊の力を「悪霊」と呼ばずに、掟との関係で「罪」と呼んでいるようです。「わたしは、自分のしていることが分かりません。自分が望むことは実行せず、かえって憎んでいることをするからです。もし、望まないことを行っているとすれば、律法を善いものとして認めているわけになります。そして、そういうことを行っているのは、もはやわたしではなく、わたしの中に住んでいる罪なのです。……わたしはなんと惨めな人間なのでしょう」（15〜24節）。

この告白には真実に迫るものがあります。

福音書は人に取りつく破壊的力を「悪霊」と名づけているのではないでしょうか。今日の医学ではもちろん精神障碍の原因を「悪霊」とは言わないし、言うべきでもありません。しかし「悪霊」という神話的名づけにはリアリティがあります。つまり破壊的力とは、そう簡単に人間のコントロール下に置ける代物ではないというリアリティです。そしてこの人間の条件を破壊する「悪霊」を、福音書が「レギオン」と言っているのは興味深いと思います。「レギオン」とは、およそ六〇〇〇人規模のローマの軍団をさしているそうです。ここでローマ軍団の名が登場している点が実に暗示的です。だれも取り押さえられないほどの非人間的な力として悪霊が語られているわけですから。人間の条件を破壊する非人間的な力は軍事的な暴力としても歴史上猛威をふるい、今日もふるっています。そのような社会の矛盾を精神障碍者は時には一身に背負っている面があると思います。

イエスが「人の子」と自らを呼び、メシアであることを暗示されたと福音書は報告しています。「人の子」という呼称は旧約の黙示文学に源を持っており、「人の子」に対立する概念は「その歯は鉄、そのつめは青銅であって、食らい、かつ、かみ砕く」（ダニエル書

7章参照）非人間的で恐ろしい「第四の獣」と表現され、軍事帝国を暗示しているわけです。「人の子」メシアは死の力で支配する獣ではなく、いのちによって支配し、「人の子」イエスは青銅の爪を持つレギオンに勝利する方として福音書は黙示しています。

福音書では「悪霊」はいわば客観的存在として神話的に語られています。精神障碍者の病がただ単なる個人的、内面的なものとして、個人の責任に帰されていくのではなく、悪霊という神話的客観存在の下で起こっていて、これは誰にでも襲いかかり、時には集団をも支配していく種類のものとされているようです。ナチス神話、天皇制神話、共産主義イデオロギー神話などに事欠きません。「悪霊」と名づけられる人格破壊の勢力を、荒唐無稽なものとしてしまわないで、むしろ「悪霊」と名づけられるリアリティに迫り、「人の子」神話、生命神話、「人権」神話をもって対抗しなければならないのではないでしょうか。「悪霊」が神話かどうかが問題なのではなくて、破壊の力、死の力でもある「悪霊」の支配の下にいるのか、それとも創造の力、生命の力である「聖霊」の支配の下にいるのかが重要ではないでしょうか。

このように、「悪霊に取りつかれる」という現象とその回復の象徴的物語として「ゲラサ人物語」を読まなければなりません。精神病と現代の医学では病名をつけられるであろうゲラサ人を、普通の人とは別の特殊な病人とするのではなく、むしろすべての人が個人としても社会としても負っている潜在的病気の典型として読まなければなりません。そのかぎりで精神障碍者は決して特殊な人ではなく、すべての人が負う病気の典型を代表しているのです。

正気と狂気《(ママ)》は絶えず入れ替わり得るものです。「人々は何が起こったのかと見に来た」(14節)そして見たのは「正気になって座っている」ゲラサの人でした。人々は正気の彼を見て「恐ろしくなった」(15節)とあります。人が正気になったことと失われた豚の損失とを天秤にかけて、怖くなって「イエスにその地方から出て行ってもらいたいと言いだした」(17節)のでした。こうしてここでも正気と狂気とが入れ替わっています。

生産の条件と生存の条件という言葉を聞きました。生産は私たちが生きていくために必要な物を作ることです。ところが、地球規模の環境問題を含めて、生産の条件を良くすることが生存の条件を脅かしています。地球規模の環境問題ばかりではありません。たとえば会社が転勤命令を生産の条件に沿って社員に出します。社員は家族を残して単身赴任します。会社の生産条件は向上しましたが、社員と家族の生存の条件は脅かされるのです。ゲラサ人の生存の条件が回復した時、豚が大量に死ぬという生産の条件が脅かされました。ここで住民とゲラサ人とが対立することになりました。

エーリッヒ・フロムが「正気の社会」において指摘しているように、ノイローゼを含む精神障碍は社会への不適応現象だとされますが、不適応は必ずしも異常ということではありません。ナチス体制に適応できた大多数が実は異常であったのであり、適応できずに精神障碍に陥った人の方が正気だったのです。それは現代の社会においても言い得ることではないでしょうか。「悪霊」の支配する非人間的社会に適応できなくて精神障碍に陥っている感受性豊かな人は、障碍者ではあっても、異常とは必ずしも言えません。私たちが精神障碍者と出会い、救助の手を差し伸べようとする際に心すべきことがあります。それは、彼の不適応は豊かな感性ゆえに起こっている正常さかもしれず、社会適応者である自分は鈍い感性の異常者なのかもしれないという、彼への敬意と自分への慎みです。正常と異常とは普通に考えるほどその境界線は明白ではなく、正常と異常との入れ替わりは起こり得るものなのです。

その消息を見事に描いているのが、チェーホフの小説『六号病室』ではないでしょうか。六号病室のイヴァン・ドミートリチは三二歳の貴族で被害妄想者です。チェーホフは彼をこのように描写しています。「彼が話し出せば、諸君は彼の内部に狂人《（ママ）》と正気が一緒に住んでいることを知るであろう。その狂気《（ママ）》の演説を紙に書いて伝えることはむずかしい。彼は人間の卑劣さについて、正義を踏みにじる暴力について、やがて地上に訪れるであろうすばらしい生活について、彼に圧政者の愚かさと残忍さを一瞬ごとに想起させる窓の鉄格子について、とうとうと述べたてる」。

　この男の主治医となったのがアンドレイ・エフィームイチです。彼はドミートリチと誠実な対話をしていくうちに彼の正常さに影響を受け、同時に周囲から異常者とみなされるようになり、そして医師を退職するよう誘導されていきます。休養の旅に出る車中で、「世間」を代表しているような人物である彼の同行者の騒々しさに関して彼は呟いています。「『われわれふたりのうち、どっちが気違《（ママ）》いだろう』と彼はいまいましそうに考えた。『乗客の邪魔をしないように努めている私だろうか。それとも、この車中のだれよりも自分が利口で好ましい男だと思って、そのために人に安らぎを与えないこのエゴイストだろうか』」。ついにこの医師は鉄格子の六号病室の患者となり、そこで死んでいくのです。レーニンがこの作品を読んで「不気味になって部屋から逃げ出した。自分も六号病室に閉じ込められそうな感じがした」と言ったという逸話があるそうです。そしてレーニン後のロシアはスターリン支配という鉄格子のはまった「六号病室」と化し、正常と異常が入れ替わり、悪霊のばっこするレギオンの国となりました。

この「ゲラサ人物語」は私たちに多くのことを教えてくれます。この「ゲラサ人」は社会に背を向け、社会も彼を疎外しています。そして自己破壊を示す墓場を住み家としています。イエスを遠くから見て「かまわないでくれ、後生だから、苦しめないでほしい」と叫んでいます。これは強そうに見えながらも、自分の弱点をにぎられて責められるのではないかという恐怖感です。この心理は障碍の重荷を負った時の気持ちをよく表しています。「このつらさをわかってくれ」という思いと、「このつらさがわかってたまるか」という思いとが葛藤するのです。また現代人の心理にも通じるところです。「かまわないでくれ」と言いながら、きわめて依存的です。本当にかまわないでほしいのであれば、逃げればいいわけです。ところが彼は「かまわないでくれ」と言いながら近づいて来ます。「ほっといてくれ」と言いながら、同時に「かまってくれ」と訴えているに等しいのです。

このような矛盾する感情を内面葛藤（アンビバレンス）と精神医学では名付けているよう

です。このように近づいて行って「かまわないでくれ」と言う矛盾した叫びを、通る人すべてにしたかもしれません。通る人は逃げてしまい、かまわないでおいたわけです。ところがイエスはこのゲラサ人に出会われました。普通の人なら、汚い恰好をした人に墓場で「かまわないでくれ」と言われたら、ほうっておきます。イエスはそうなさいませんでした。なぜか。イエスには権威があったからです。「汚れた霊どもはイエスに、『豚の中に送り込み、乗り移らせてくれ』と願った」(12節)のでした。イエスはその要望を聞かれました。放蕩息子が財産を分けてくれと父親に要求する話に似ていて、本人の要望を聞いてそのとおりにされました。放任しているようですが権威があります。「イエスがお許しになった」その結果、彼は救われます。

権威というのは、心底「恐れない」ところから生まれます。精神障碍者、とりわけ妄想のある病者の場合、人々から薄気味悪がられ、恐れられやすいのです。危険人物扱いです。これがコミュニティから閉め出される理由です。恐れられるわけです。しかし「愛は恐れを取り除く」のであり、それが権威の基だと思います。

✲ 汝の信仰、汝を救えり

マルコによる福音書5章25〜34節

「さてここに、十二年間も長血をわずらっている女がいた」(25節)

このように書き出されています。そもそも長血とはいかなる病気かということですが、はっきりしたことはわからないのです。おそらくこれは婦人病であろうと言われています。幼い時から婦人病を患うということは考えられませんから、仮に一八歳の時に発病したとしますと、この女は今少なくとも三〇歳であるということです。旧約時代以来婦人病のみならず、月の物でさえも不浄なものとして忌み嫌われ、男は女性が出血の間は触れてはならないとされていました。この女はその不浄の時が切れ目なく一二年間続いていたということになります。したがって、病気に苦しむばかりではなく、男性と交際する可能性はなく、ましてや結婚ということも考えられなかったのです。人間としての喜びや楽しさを遠くからうらやましく眺めていることだけが許されたのです。

聖書に出てくる主イエスによって癒やされる病気は、折に触れてよく言いますように、一つの特徴があります。それはその病気によって本人や家族の社会的名誉が著しく損なわれるということでした。社会の交わりから締め出されるのです。それが病気そのものがもたらす苦しみと共に、否、それ以上に、孤立の苦悩を味わわせたのでした。

今この長血を患う女は、病気によって人との関係、とりわけ異性との関係から締め出されているのです。それがこの女の悲しみであり、悲しみ以上に生死を賭けた叫びでした。主イエスはその叫びをもっとも深い淵から聞いておられます。陰府の淵から聞いておられます。十字架の上で「わが神、わが神、どうしてわたしをお見捨てになったのですか」と叫ばれた時、誰よりも深い淵を経験されたのです。見捨てられる世界、それが陰府《よみ》の世界ですが、その陰府の世界からこの女は叫ぶのです。

「この女がイエスのことを聞いて、群衆の中にまぎれ込み、うしろから、み衣にさわった」（27節）

この女の直感は正しかった。良い人にめぐり会えるのは幸運ですが、それだけではなく、その人を時宜を得て選ぶという直感は一つの能力かもしれないと思います。確かにこの場合に能力というのは適切ではありません。けれども自分の人生の、特に若い時代を振り返る時、良い友や師に、さらにはイエス・キリストにめぐり会ったということが最大の幸運であり、自分をあえて誉めてやってもよいと言えるのは、そのめぐり会いを選び、受け入れたということです。

この女はあえて社会的・宗教的タブーを破り、「身のほど知らずでずうずうしい」と非難されるのを覚悟で、イエスのみ衣に触ったのでした。この女にとって、これが決定的瞬間とでも言ってよく、病が癒やされただけではなく、人間としての信・望・愛、そして自由と誇りが内側から回復したのでした。それを「すると、血の元がすぐにかわき、女は病気がなおったことを、その身に感じた」（29節）と福音書は報告しています。その身に感じたのは生きる手応えの喜びでした。

「イエスはすぐ、自分の内から力が出て行ったことに気づかれて、群衆の中で振り向き、『わたしの着物にさわったのはだれか』と言われた」（30節）

不幸による無力感から逃れるのは、いのちの移し替えによります。寒くて自力で暖まることができない時は暖かい物、あるいは人に触れるほかないのに似ています。だから自分の調子が悪い時には調子の良くない人に会わないほうがいい。調子が良くない人と会うと同病相哀れんで慰められるような気がするものですが、むしろかつては病んだことがあるが今はそれを克服しているという人のほうがいい。生命力というのは広い意味での治癒力です。この力は一種の神秘性をもって乗り移って行くものなのです。「聖霊の力と働き」と聖書が告げているのは神の愛と生命力の乗り移りの力と言ってもいいし、生命の感染力と言ってもいいかもしれません。

ごく常識的にも、かなり落ち込んでいる人と誠実に面会し、話を聞いただけでもひどく疲れるものです。こちらが疲れた分だけ相手は元気になるようです。とくとくとこちらが話をし、内心「いい話をしてあげた。相手もかなり説得され、解決の糸口を見つけただろう」などとちょっと得意な気分で面会を終えたような時は、たいてい相手は重い気持ちで解決から見放されたような気分になって帰って行っているものです。このことに気付いた時から、「せめて体力のある牧師になろう。少々調子の落ちた具合の悪い人と会っても、こちらがぐったりしたり不機嫌にならないで聴き切ることができるのは体力があればこそではないか」と思うようになりました。

先週、日本基督教団総会に行くついでに静岡まで足をのばし、脳出血の後遺症として左半身がマヒしてリハビリをしている姉を訪ねてきました。今まで伊豆のリハビリ病院にいたのですが、ある程度歩けるようになったところで、家の近くの福祉医療センターという施設に移りました。そこは病院と家との間の中間施設らしく、理学療法士は一人だけで、一人ひとりにリハビリ訓練をしないで、自分で自主的にやり、家庭に帰れるようになりなさいということらしいのです。実際には病院にはもはやいることはできない、さりとて家庭に帰るまでにはいかない、その中間の待機施設と化し、たいていの人が身動きができない状態になっているのが実情のようです。

姉に、「療法士に頼らないで自分でどんどん自己訓練したら」と言いますと、恨めしそうにこちらを見て、「この身になってみないとわからないよ。そう思って一人で歩く訓練をしたけど、二度ばかり転んで、それ以来怖くて体がすくむんだよ」と言います。「そんなものかな」と思うのは健康な者の言い分かもしれません。転ぶ怖さなどないわけですから。そういえばスキーで急斜面を滑り下りる時、転んでも怪我するわけではないのに、なかなか飛び出せないものです。あれより何倍も怖く、一度転んだら骨折する、そんなところに飛び出すことを想像して少し納得しました。

しかもこのような中間施設は、皆一様に希望を失いかけている人々の集団です。姉に言わせると、「弱い者同士だから励まし合い、助け合っていかなければならないのにその逆で、お互い悪口を言い、さげすみ合い、とても悲しい」と言って泣いていました。「弱いのは体だけじゃないよ、心だよ。体がこのように弱くなっても、心は強くありたいよ」と涙を流していました。弱い者同士はただその弱さだけでは絆にならないようです。もう一つ弱さを強さに、というより弱さが強さだと言いうる心の強さを与えられなければならないということでしょうか。それがイエスの癒やし、つまり生命の移し替え、生命力の感染でしょう。

横道にそれましたが、主イエスは人間の不幸や病気、そして罪にすべての力を抜き取られるようにして十字架にかけられたのです。十字架にかかられてから息を引き取られるまでが異常に早かったのは、まさしく精も根も尽き果てるまで体内からも魂からも生命力を注ぎ出され、脱力状態になってしまわれたのです。「わたしは、かわく」という言葉も単に脱水状態ではなく、魂も体力も限界になるまで力を使い果たされたのです。女が衣に触ってイエスから「力が出て行った」時、生命力、つまり主イエスの癒やしの力が女に乗り移ったのです。イエスは「群衆の中で振り向き」女に語りかけられました。多くの中から一人を探しだす。これが愛ということです。群衆の一人ではなくかけがえのない一人として見出す。これが愛なのです。イエスの「振り向き」のまなざしは愛のまなざしです。「見向きもされない」という表現はこの「振り向き」とちょうど反対です。ペテロがイエスを「わたしはその人を知らない」と否んだ時、「主は振りむいてペテロを見つめられた」とルカ福音書22章は記しています。聖書の中でいちばん好きな聖句は何かと聞かれるならば、この言葉を第一にあげます。イエスは私たちを振りむいてくださるのです。まなざしを想像してみてください。

「娘よ、あなたの信仰があなたを救ったのです。安心して行きなさい。すっかりなおって、達者でいなさい」(34節)

主イエスに向かっての踏み出し。差し伸べられた手と差し伸べる手の出会いが信仰なのです。差し伸べられた手を払いのけてはなりません。また差し出す手は差し伸べる手を呼び出します。それが祈りです。もちろん「あなたの信仰があなたを救った」と言われる時、「そうです。私の信仰が私を救った」と言うわけにはいきません。信仰は私たちの業績ではありません。私たちに差し伸べられた手に応えて差し伸べた手にすぎず。救い上げられる時、私たちも力一杯に手を握り締めはしますが、救うのは主です。圧倒的に強い握力で握り、引き上げるのは主イエスです。しかし主は言われます「あなたの信仰があなたを救った」と。それは生きる自信を与える言葉と言うこともできましょう。

こんな話を講演テープで聞きました。それは教師の役割を論じた講演です。教師というのは「先生のおかげで勉強ができるようになりました」などと言われているようではだめで、自分の力で勉強ができるようになったと自信を与える存在でなければならないという趣旨のことを説明する例話でした。「ある車夫が大きな荷物を積んだ荷車を引いていた。ところが車が溝にはまってしまい、玉の汗を流して苦闘するのですが、押しても引いても動かなくなってしまいました。その時、お釈迦様が現れ、だまって荷車の後ろに行き、そして押してやりました。車は動き始め、ついに溝から上がったのであります。車夫はやれやれと汗を拭い、お釈迦様が車の後押しをしてくれたとは知らないで、自分の力で抜け出られたかのように思い、車夫としての自信をますます得て去って行ったのでした」。

この長血の女は、もちろん自分の力でこの病気が治ったなどとは思ってはいません。でもイエスは「わたしの力があなたを救った」とはおっしゃいません。「あなたの信仰があなたを救った」と言われます。彼女がこれから生きていくに際して、自らの内に回復した生命の力に自信を持ち、生きていけるように主はこう言われるのです。

「あなたの信仰があなたを救ったのです。安心して行きなさい。すっかりなおって、達者でいなさい」

私たちは「安心して行く」のです。ある神学者が「信仰とは神にあって神なしに生きる」ことと定義しました。とてもおもしろい定義だと思います。「子どもが親にあって親なしに生きる」ことと相通じることではないでしょうか。

子どもは安心して家を出て学校に行きます。学校で遊んでいる時、また勉強をしている時、親のことなどすっかり忘れています。親なしに活動しています。もし学校に行っても親のことが気になってしかたがないとすれば、学校など行けなくなります。学校に行けなくなったある中学生のことを相談された時、「学校から、用事らしい用事もないのにしばしば家に電話をかけてきませんでしたか」と聞きますと、電話の向こうでお母さんの声が一瞬とまりました。ひと呼吸して「そうなんです。そうでした。関係あるでしょうか」と言われます。そうなのです。関係があるのです。何かの心の事故、親子関係の事故で「親にあって親なしに生きる」ことができなくなっているので、いわゆる登校拒否が起きているのです。

もちろん学校に行けなくなるのはこれだけが原因とはかぎりません。事情はさまざまです。しかし私たちが自由に生きていけるのは「神にあって神なしに生きる」ことができる時です。子どもは家庭に帰って安心できるから家庭から飛び出せるし、飛び出せるのは家庭に帰れる安心感に支えられているからです。

「安心して行きなさい。達者でいなさい」という言葉に支えられて、私たちは行くことができるのです。行かなければならないのです。神なしに生き、達者でいなければなりません。そして夕方には家に帰るように、一日の日暮れには、また一週間の日暮れには、そして人生の日暮れには大急ぎで神の懐に帰って来なければなりません。帰って来ることができるのです。親が夕食を作って子どもの帰りを待っているように、神は私たちを待っておられます。待っていてくださる神の懐のゆえに、私たちは安心して出て行くことができ、達者でいることができるのです。

✿ 自分を救うために

マルコによる福音書8章34〜38節

「だれでもわたしについてきたいと思うなら、自分を捨て、自分の十字架を負うて、わたしに従ってきなさい」（34節）と主イエスは招かれました。この招きは条件文です。「ついてきたいと思うなら」という条件があり、ついてきたいと思わないならば、自分を捨てるに及ばないということになります。主イエスに従うか、自分に固執、執着するか、いずれかを選択しなければなりません。その自由に余地を残されるのが主イエスです。自由に余地を残すというより、実はこの選択はイエスに従うことによる「自由」か、自分に固執、執着する「不自由」かの選択です。

ペテロは多くのものを捨ててきました。「網を捨てて、イエスに従った」（1・18）ということは、漁師という職を捨て、親も捨てました。彼が歩いて来た道々には点々と捨ててきたものが落ちています。けれども最後に「自分を捨てる」ことが求められます。

「自分の十字架を負うて、わたしに従ってきなさい」と主は招かれました。十字架を負うとは、苦難を負う、あるいは困難な課題を負うという意味です。十字架という困難の特徴は、負うというより、負わされることです。弟子も群衆も、そして私たちもイエスに従いたいと思うならば「自分を捨て」「自分の十字架を負うて」従うのです。その十字架は、負うものであるより、むしろ負わされるものです。時には人が宿命と呼ぶものです。それを聖書は十字架と呼び、十字架と結び付けて意味を与えます。「宿命」という漢字は「命を宿す」と書くのですが、その文字に文字どおりの意味を与えてくれるのです。意味を見出すことができない苦難は、単なる苦痛です。しかし意味を見出せるならば、それは十字架であり、命を宿すという文字どおりの意味で「宿命」になるのです。

マルコ福音書には、「アレキサンデルとルポスとの父シモンというクレネ人」（14・21）に関する興味深いエピソードが記録されています。主が歩まれた十字架への道行きは「悲しみの道（ヴィア・ドロローサ）」と後に呼ばれています。主はもはや十字架の重さに耐えきれず、それでも十字架を最後まで担おうとされました。道端には見物人の群れが立っていました。負いきれなくなっていた十字架を、人々は無理やりこのシモンに負わせたのでした。とんでもない災難を見物人のシモンはこうむったのでした。人々が見守る中を、まるでシモンはイエスの第一の弟子ででもあるかのように誤解も受け、イエスと共に嘲りさえ受けながらヴィア・ドロローサを行く羽目になったのです。

これが負わされた十字架であり、災難であり、宿命です。ところがこれは不思議な記録でもあります。通りがかったシモン、無理やり十字架を負わされたシモンです。そのシモンがクレネ人と記録されているばかりではありません。息子のアレキサンデルとルポスの名前が記録されているのです。福音書ではたくさんの病人が癒やされていますが、そのほとんどの名前は記録されていません。ところがクレネ人シモンだけが例外なのです。

なぜでしょうか。それは後の教会ではアレキサンデルとルポスとはよく知られたキリスト者だからです。パウロの手紙にもこの二人の名前が登場しています。つまり、クレネ人シモンは、災害以外の何ものでもなかった「負わされた十字架」が、誰の十字架で何のための十字架であったか、その持つ意味の重さを後に了解したのではないでしょうか。

苦難の重さは意味の重さによってあがなわれます。災難として、また受難として負った十字架は、後の日、その意味の重さが了解されたあかつきには栄光の十字架となるのです。十字架は負わされた苦悩であり、恥辱です。自分が苦しみながら歩いていることが、人に理解されるとはかぎらないのです。イエスに従う者は時にはこの無理解にも耐えなければなりません。人は、善いこと、真実なことをする時、それは他人のために働いているのであり、人に認められ、賛成されるのは当たり前だと思います。そこで、もし認められず、理解もされないとなると、人々を恨んだり非難したりしかねません。けれどもイエス・キリストの基準によれば、十字架を負うことが人に認められなかったり、理解されなかったりすることの方が当たり前なのです。もちろんしばらくすると理解者が必ず現れるものですが、それは理解されること、認められることを諦めた頃であるのです。すなわち自分を捨てた頃なのです。

私たちに正しいことをする情熱がないのではありません。すべての人にある情熱です。問題は「私」がその中心にいないと気が済まないという「俺が俺が病」に罹っているところにあります。「俺が俺が病」に罹るや、正しいこと、善いこと、真実なことをするに際して、いちばん関心があるのは正しいこと自体であるより、正しいことをしている自分ないし自分の派閥です。そういう人は温かく迎えられなかったり、批判されたりすると、もう嫌気がさしてくるのです。「嫌気がさしてくる」、実はそのところから十字架が始まります。嫌気がさして辞めるところが、十字架を負う起点なのです。

「ほめられても、そしられても、悪評を受けても、好評を博しても、神の僕として自分をあらわしている」とパウロは第二コリント6章8節で告白しています。「自分を捨てる」とは自分を否認することです。自分を捨てるとは、過剰な自己関心を捨てることです。自分に関して健全な無関心でいられることは、自分に関して自由になることでもあります。自分をいたずらに意識しすぎることは、不自由になることです。ペテロは、十字架に引きずり出されるイエスを「そんな人は知らない」と三度も否みました。この「否む」という言葉と「捨てる」という言葉は原語では同じです。ペテロはあの時、イエスを否む言葉を「わたしはイエスという人を知らない」と言うべきではなく、「わたしは自分を知らない」と自分に向かって言うべきだったのです。それで三度の否認に対応して、復活されたイエスはガリラヤ湖畔でペテロに、「わたしを愛しているか」と三度も尋ね、「あなたを愛している」と三度も言う機会をペテロにお与えになりました。

「福音のために」自分の生命を失う者はそれを救うのです。自分の生命を失う＝捨てる、それは救うことです。福音のために自分を捨てることで自分を救うとは、「わたしを愛するか」と問われる主イエスに答えることです。人間の価値は愛の価値です。人間の価値は獲得する能力によってではなく、他のために用いる力、自分を注ぎ出す力によって計られるのです。豊島岡教会の金纓《キムヨン》牧師が『メキシコ　わが出会い』（日本キリスト教団出版局）という本を書いておられます。その中で一つのエピソードを記しています。

病人を見舞う時いつも「なぜ？」と問いたい気持ちになる。「なぜ、この人たちはこんなに苦しんでいるのか？」「なぜ私でなくこの人たちが？」と、私はいつも問い続けて来た。牧師として多くの病人を訪ねる中で考えたことである。その答えが四年前韓国の友人恵子《ヘジャ》のことばで与えられたような気がする。恵子は二歳の時から重度の小児麻痺を患い、一生立つこともできず自分の部屋の中だけで生活している。母親同士が友人であり、私が小学校の頃すぐ近くに住んでおり、年も同じだったので、私は彼女のほとんど唯一の友だちであった。

韓国に行く時には、何とかして彼女を訪ねようとしているが、何年か前に会った時、私は彼女の口からまことに衝撃的なことばを聞いたのである。「あなたが日本の教会の牧師になり、いろいろと活躍していることを、あなたのお母さんから聞いてとても喜んでいる。私はこんな身体だからあなたのために何もできない。だから神さまに祈るのよ『神さま、纓《ヨン》はやることが多いから、どうぞ元気にしてください。その代り、纓の病気は全部私にください。私には病むことしかできないし、寝ている時間ならいくらでもありますから』どうか、元気でこれからも働いてね」。何という祈りだろう。自分が働けるのは、このような祈りに支えられているのだ。私たちが健康でいられるのは、代りにだれかが病んでいるからである。

生命は保持して腐らせるためにあるのではありません。燃焼させ、用い尽くすためにあります。道元が「生命を粗末にしてはならぬ。さりとて生命をおしんでもならぬ」と言っています。主イエスの言葉の基準に基づいてもそのとおりです。神を崇め、神を愛する。自分をいとおしみ、隣人を愛し、親切にする。それが福音のための自分を捨て、自分を救う道です。

✿ 幼な子のように

マルコによる福音書10章13〜16節

「イエスにさわっていただくために、人々が幼な子らをみもとに連れてきた」のです。すると「弟子たちは彼らをたしなめた」（13節）のでした。なぜたしなめたのかその理由は書いてありません。ただ当時、「女子ども《おんなこ》」は数の内に入りませんでしたし、また当時のユダヤ教教師の言葉には「聖所が破壊された時以来、預言は預言者たちから奪われ、愚かな者たちと子どもたちとに与えられた」とあって、愚か者と子どもとが同じレベルに並べられています。とにかく子どもの振る舞いはうるさく煩わしく、子どもの声は集中を奪う甲高さがあります。それは神の配剤でしょう。もし子どもの声が気にならない静かなものであったならば、子どもは無視されてしまうにちがいありません。おとなは子どもにはただただおとなしくしてもらいたいものなのです。「一度でいいからゆっくり食事をしたいものだ」といら立ったのは遠い昔になりましたが、その感覚はかすかに残っています。

弟子たちは神の国を来らせるために熱心でした。熱心であるということは、しばしば焦っているということでした。焦りというのは自分の目論見、計画、予定があり、そのとおりにならない時に生じるいら立ちでありましょう。ですから弟子たちはこの時、いら立ち焦っていたのかもしれません。そのような時、人々が幼な子を連れてやって来たのでした。

幼な子は無邪気なエゴイストです。「泣く子と地頭には勝てない」とおとながお手上げするくらいに、幼な子はエゴイストです。目論見、計画、予定をことごとくひっくり返してしまいます。寝てほしい時にはいつまでも起きており、外出の帰りの電車の中などでは、起きて自分で歩いてほしい時にかぎって眠ってしまいます。抱いて帰らされる時のウンザリした気分は今でも昨日のことのように覚えています。

自分の責任、自分の計画、自分の目論見や理想、それの達成にいら立っている私たちは、エゴイスティックなほどに親に身を委ねている幼な子とは正反対なわけです。そのいら立ちを弟子たちは示しているのです。しかし、イエスは「幼な子らをわたしの所に来るままにしておきなさい。止めてはならない」（14節）と言って、その手にお抱きになるのです。

礼拝中に子どもが騒ぐと、「躾《しつけ》をちゃんとしなさい」と年配の人に睨まれたような気がして、身を小さくしたものです。崇高な仕事を邪魔するうるさき者、それは子どもというわけです。弟子たちが「たしなめた」のも、おそらくその理由でしょう。

ところがイエスは逆に、弟子たちをたしなめられたのでした。「幼な子らをわたしの所に来るままにしておきなさい」とむしろ招かれたのでした。この聖句は西洋では幼児洗礼の根拠として用いられてきました。子どもが先立って神の国に招かれるという意味でしょう。適切な聖句の引用かどうかは議論のあるところですが、子どもをイエスが重んじられたことは確実です。子どもを叱るよりも、子どもによって教えられるのです。

言葉の選び方は違いますが、私は原則として教会学校で話すこととおとなの礼拝で話すことを同じにするようにしています。子どもが聞いて心動かされないことを、どうしておとなが聞いて心動かされますか。子どもが聞いてわからないことが、どうしておとなが聞いてわかりますか。それが私の仮説です。

ある教会はまわりが市街地になり、子どもがいなくなってしまって、教会学校の子どもは主に教会員の子弟になったそうです。子どもだけで教会に来られる場合はいいのですが、そうでない場合は親が付いて来なければなりません。そうすると、教会学校が終わってもおとなの礼拝の間、子どもは待っていなければならないのです。それでおとなの礼拝と教会学校の礼拝を半分まで一つにしました。おとなの礼拝の半分まで『こどもさんびか』を歌う礼拝にし、途中から子どもは別室で礼拝をするという方式だそうです。またある教会では、イースターとかペンテコステとかクリスマスだけは途中まで子どもと一緒の礼拝にしているそうです。子どもを隔離しないで神の国の家族として共に礼拝するということです。

これがどの教会にも当てはまる適切な例とは言えないでしょう。でも検討に値すると感じてきました。

ともあれイエスは「神の国はこのような者の国である」(14節)と言われました。幼な子とはどのような者のことでしょうか。純真で無垢ということでしょうか。イエスはそれほどに幼な子を理想化しておられるのでしょうか。そうではありません。事実、子どもは子どもなりにずるいし、結構ワルです。残酷でもあります。ドストエフスキーだったかに、子どもの残酷(性)を描写している文章があります。縫い針を入れた肉を犬に与えてぱくついた頬に針が刺さり、きゃんきゃんとのたうちまわる。それをげらげら笑いながら見ている子どもたち。こんな情景です。奇妙に鮮明に覚えているのは私にもそれと似た残酷なことをした思い出があるからです。

聖書には何かを全面的に善いとしたり、悪いとしたりしない醒めたリアリズムがあります。全面的なのは神だけです。いつでも物事の両面性を知っていますし、知らせています。

新約聖書は、「幼な子」は見習うべき例として語られている場合と、見習ってはいけない例として語られている場合との両方が記されています。見習ってはいけない例としては、かの有名な第一コリント13章の「愛の賛歌」です。その中でパウロはこう記しています。「わたしたちが幼な子であった時には、幼な子らしく語り、幼な子らしく感じ、また、幼な子らしく考えていた。しかし、おとなとなった今は、幼な子らしいことを捨ててしまった」(11節)とあり、「幼な子らしさ」は捨てるべきものとして記されています。

愛の行い、思いにおいては「幼な子らしさ」は捨てるべきものなのです。なぜなら幼な子は無邪気に自分中心だからです。もちろん幼な子の無邪気な自分中心は愛らしくあり、また当然許されるものです。例として、教育学者のピアジェの実験を紹介します。幼な子がやっと絵が描けるようになった時、人形の絵を描かせます。すると子どもはそれらしく描き、目や鼻を自分の印象どおりに描きます。印象の強いものほど大きく描くわけです。次に「人形を後ろから見たらどんなふうになっているかな。描けるかな」と指示を出します。もちろん子どもは「描ける、描ける」と言いながら喜んで描くわけですが、やはり自分が今見ている前の姿を描いてしまうのだそうです。自分が今見ていない立ち場を想像しながら描くということがまだできないわけです。それが幼な子です。愛は他の立ち場に立つ想像力といってもいいでしょう。人の身になって見る力のことです。いつも自分の立ち場だけから語り、感じ、考えることしかできない幼な子らしさは「捨てるべき幼な子らしさ」なのです。

それに対してマルコ10章では、見習うべき規範としての「幼な子らしさ」を主イエスは語っておられます。「神の国はこのような者の国である」と幼な子について語り、「だれでも幼な子のように神の国を受けいれる者でなければ、そこにはいることは決してできない」とも言われます。また「幼な子のようにならなければ、天国にはいることはできない」（マタイ18・3）とも言われるのです。この場合の「幼な子らしさ」は「信頼」でしょう。愛に関しての幼な子らしさは捨てるべきものですが、信頼に関しては規範なのです。親に抱かれている幼な子、親に手を引かれてどこかに連れていってもらっている幼な子は信頼に満ちていま す。いまだ行ったことのない遊園地や、野や山へ行く時、疑いの不安に怯えているというこ とはないはずです。このような幼な子は親への信頼に身を委ねているのです。この二つの幼 な子性を要約すると、人間関係における愛に関しては幼な子であることを捨て、神との関係 における信仰に関しては幼な子であることが勧められているということです。

私たちは結局は神の御手の中にいるわけです。「神の国」とは言葉どおりに訳すと「神の 支配」です。「なるようになる、なるようにしかならない」という言い方は投げやりに聞こ えるし、時にはそのような意味で使われます。でも「神は結局なさりたいようになさる」と 言えば、委ねた信頼と落ち着きのある信仰という幼な子らしさになります。

「あすのことを思いわずらうな。あすのことは、あす自身が思いわずらうであろう」（マタ イ6・34）と主イエスが言われた時も、投げやりと紙一重であるわけですが、そうではない ことは言うまでもありません。幼な子の手を引いて連れていく親のように、神は私たちを明 日へと連れていってくださるのですから、それに身を委ねなさいと主は言われるのです。こ のような信頼の落ち着きのことを「世界に対する基本的信頼」と思想家の神谷美恵子さんは名付けています。幼な子はまさにこの「世界に対する基本的信頼」を体得していますし、またそのような時でなければならないのです。

ところで、このごろの精神分析の立ち場から言うと、幼な子は自動的に「世界に対する基本的信頼」を持っているわけではなく、培わなければならないものだそうです。むしろ生まれた子どもは「遺棄コンプレックス」と名付けられるような怯えを持っており、それを取り除いてやるのが親が最初にすることだと言われています。もちろんその「遺棄コンプレックス」が完全に拭い去られるわけではなく、人の生涯の刺のように「不安」としてつきまとうわけです。このことを知った時、いつも抽象的不安というか、これといってはっきりと理由があるわけではないのに不安で焦っている自分の根源がわかったように思いました。

「捨てられてしまう」「見捨てられてしまう」。これが不安や焦りの根源で、それは生まれた子どもから死ぬ前のおとなまで共通して絶えることなく抱いている怯えなのです。「幼な子のように神の国を受けいれる」とは「お前はどんなことがあっても見捨てられない」というメッセージなのであって、信頼のみ手に身を委ねなさいということなのです。

「そして彼らを抱き、手をその上において祝福された」（16節）。祝福とは受け入れられ、喜ばれているということです。神に救われるということは、神に祝福されるということです。祝福というのは字のごとく祝われる幸福といえるでしょう。

「抱かれる」。これは心のふるさと経験と呼んでもいいでしょう。神の国、天の国をヘブル書では「天にあるふるさと」と言っています。私にとっては親の懐にいた村の経験です。ぬくもりです。大きくなってから帰ってみるとまるで違っていました。大きな川も、こんなに狭い川だったのかと不思議だったりします。床の中でぐずぐずしていると台所でコンコンと俎で葱を刻む音がし、そのうちにおみおつけの香りがしてくる、あの何とも言えない幸福感。遊びほうけて日が暮れてから帰り、ひどく叱られた甘酸っぱい思い出とか、何か悪いことをして母親に追いかけられて村中を逃げ回り、挙句につかまって馬乗りにされてお灸をすえられた熱い思い出。おねしょの布団を庭に干されて恥ずかしかったほろ苦い記憶。すべてありのまま抱かれている世界。そこで「世界に対する、ないし人生に対する基本的信頼」を培われたのだと思います。それを希望において取り戻し、しるしにおいて経験する。それが教会生活であり、教会の信仰です。私たちは祝福されているのです。能力でも業績でも功績でもなく、弱い存在そのものを祝福されているのです。

マルコ 10:46–52

✿喜べ、立て

マルコによる福音書10章46〜52節

イエスはバルテマイに呼び止められました。病気を癒やされた人で名前が記録されているのは珍しいのです。癒やされて喜び「イエスに従った」とありますが、さりとてそれがきっかけでイエスの弟子となったわけでもないようです。イエス自身が言っておられるように、ルカ17章では、一〇人の人を癒やしたのに感謝をするためにイエスの所に再び来たのは一人だけだったのでした。淋しいことではありますが、それでよいのかもしれません。弟子にする目的で助けたのではありません。しかしここで名前が記録されているということは、この人は後の日、教会に名前が覚えられていたということですから、キリスト者になり、教会の担い手の一人になったことを意味します。ともあれ後の彼はどうあれ、イエスに出会った時は盲人の「こじき《（ママ）》」（口語訳）だったのです。

彼は目が見えないぶんだけ耳は研ぎ澄まされていました。彼は地べたに座っています。彼にとって世界は上からやって来ます。通る人に物乞いをしています。通る人の足音に耳を澄ましているのです。重い足取りの人、軽やかな足取りの人、さまざまな人が通り過ぎていきます。人々を蹴散らす馬の蹄、逃げ惑う人々を彼は聞いています。

他教会の方ですが、家庭集会に盲人の人が出席されています。生まれつきの盲人なので、音の聞き分けは見事です。車に乗っていても「ここは橋の上ですね」「高速道路の下ですね」「この辺りのビルはかなりの高層ですね」等と、音による判断は正確です。人の声を聞いても一度で覚えてしまいます。

バルテマイは都の祭りに行くために通り過ぎる人、立ち止まる人の噂話を聞いています。人は、鋭敏な耳と確かな記憶力の盲人がまさか地べたに座って聞いているとは思っていないのです。「ガリラヤで物議を醸している人がいて、預言者とも救世主とも噂され、ダビデの家系でもあるそうだ」「民衆の友となって、世間で差別されている人の友、障碍者たちの励まし手、病気の人の癒やし手だそうだ」「パリサイ派のお偉方を手厳しく批判したので、自尊心を傷付けられたお偉方の逆鱗に触れて身の安全さえ危ぶまれているそうだ」「とにかく不思議な権威を持っておられるという」。……道行く人の噂を総合するとそんな輪郭が浮かび上がってくるのでした。彼は、これは本物だと直感しました。エルサレムにその人が向かっていることも知りました。とするとここを必ず通られるはずです。ひそかに彼は待ったのです。

するとこうからざわつく集団、声高に論じ合う人々の声がします。あの人の気配を察知しました。地べたに這いつくばるバルテマイは、一度きりのチャンスを取り逃してなるものかと緊張しました。切り出す言葉も考え、口の中でセリフを覚える役者のように練習もしました。しかし「いまだ！」と思ったとたんにセリフを忘れました。忘れたことも忘れて叫んだのです。「ダビデの子イエスよ、わたしをあわれんでください」。塚本虎二訳では「ダビデの子イエス様、どうぞお慈悲を」としています。なりふりかまわぬ大声でした。

足元からの突然の大声に、人々は飛び上がらんばかりに驚きました。それもそのはずです。人々は地面に這いつくばっている人など見えていなかったからです。見ていても意識しない風景のようなものです。道に転がっている石のようなものです。その石ころのような存在が突然に「わっ」と叫ぶのです。もちろんそこにいるのは石ではありません。意志を持ち、感情を持ち、体温もあり、喜怒哀楽もある人間です。しかし人々や弟子たちはまるで犬を叱るように彼を叱りつけました。ところがバルテマイは叫ぶのをやめません。彼の唯一の武器は「叫び」です。弱い立ち場の者は叫ぶことが唯一の武器です。無様だし恰好悪いのですが、それ以外に何ができますか。おとなしくしていると何年でも待たされます。無視されます。

キング牧師が指導した黒人差別撤廃の運動は「非暴力直接行動」でした。要するに叫び続ける運動です。空腹の赤ん坊は泣き続けることでミルクを獲得します。指紋押捺反対運動もそうでした。区役所の前で、ただただ叫び、騒ぎ、区役所の職員を悩まし続けたのです。そうされて区役所の職員は困るだろうと知っていても叫んだのです。結局は政治が動き、廃止の方向に決定しました。歴史の中でキング牧師たちの「非暴力直接行動」は、武力・暴力よりも、「叫ぶこと」がはるかに有効に働くことを教えました。二〇世紀を変えた政治運動の手法だったのです。韓国、フィリピンのみならず、東欧を変え、ドイツを統一させ、ついにアパルトヘイトも撤廃させました。それと対極にあったのがイラク制裁戦争です。誰も何も得ることはできなかったではありませんか。今も続く環境破壊、大量の死者と難民の続出、信じられないほどの戦費の支払い、税金の特別支出です。どんな秩序ができましたか。クエートは平和になりましたか。

主イエスにはこの叫びが騒音ではなく叫びとして聞こえました。「彼を呼べ」（49節）と主は言われます。主は名指しで呼ばれます。その他大勢ではないのです。きっとこの男にとって初めての経験ではなかったでしょうか。盲人の「こじき《ママ》」ではなく、バルテマイという名前を持った人として呼ばれたのです。

「喜べ、立て、おまえを呼んでおられる」（同）。私たちが甦ったように生き生きとするのは「ほかならぬ自分が呼ばれる」時です。私たちは呼ばれるために生き、呼ばれることによって生きるといってもさしつかえないのです。逆に私たちを打ちのめすのは「お呼びでない」ことです。呼ばれぬ悲しみは悲しみの本質の一つではないでしょうか。奇跡は「おまえを呼んでおられる」という呼び声と共にあったのです。

若い頃、ある驚きをもって経験した事実があります。神学生時代に学校から許可をいただいて休学し、九州の筑豊閉山炭住に奉仕活動のために一年間住んだことがあります。今はそこは伝道所になり友人の牧師が働いています。一〇〇戸足らずの住む、ほとんどが生活保護世帯の村でした。私たちは学生キャラバンの募金で丘の上に放送塔と称したスピーカーを設置しました。村全体の伝達事項はこれを用いたものです。

　ある時、村の寄り合いがありました。なかなか集まりが悪く、わいわいとしゃべりながら待つわけです。大体そろったところでまだ来ていない人を確認してスピーカーで呼び出しました。四世帯ほど呼び出したでしょうか。寄り合いは夜明けに終わりました。終わる頃、玄関先でひと悶着が持ち上がっていたのです。あるやもめ（ママ）の女性が泣きながら村の責任者に食ってかかっていたのです。「なし、わたしの名ば呼んでくれんやっとね。やもめや思って馬鹿にしとるんちゃうね。わたしの名ば呼ばんやった」とおいおい泣いて怒っているのです。責任者は「呼ばなくても、皆来なければならない会合なのだ。呼ぶのを失念したのは悪いけど、そんなに怒らんでもいいではないか」と言っています。それは正論ですが女性は納得しません。「呼ばれる、呼ばれない」が持つ重さ悲しさを傍らでなだめながら胸が痛む思いで感じました。夫亡き後、生活保護を受けて子どもを養い、馬鹿にされはしないかと恐れて暮らすその人の思いを想像したものです。「呼ばれる、呼ばれない」は人の魂の中心に関わることなのです。

バルテマイは強引でした。そうでなければならないのです。お上品な信仰はないのです。信仰的に生きるとは、つまりなりふりかまってはおれない、切羽詰まったところが信仰の世界です。なりふりかまわぬことなのです。なりふりかまわぬ自由さに私たちを解放してくれるのです。どうしても人に知られたくない自分の何か、自分も認めたくない何か、地面に這いつくばらされ、情けない恰好をさせられている自分の弱さと罪、それを神の前にさらけ出すことを信仰と呼びます。

なりふりは問題ではない、「見えるようになりたい」、そのことで人に叱られたり笑われたりしながら、主イエスにしがみついたのがバルテマイです。なりふりを気にできるのは、まだ余裕のある不自由さです。「へぇ、信仰？　何か悩みがあるの」などと思われたり、からかわれたりすることへの身構え。それをなりふりと言います。信仰はしがみつき、叫び倒すことです。這いつくばっている、這いつくばらされている地面から上に向かって、天に向かって叫ぶのです。「おまえはおまえの人生を生きなさい。なりふり捨てて叫び倒し、しがみついた。それがあなたを救った。それが奇跡を呼んだのだ」と主は言われます。あなたはもぎ取ったのです。なりふりかまっては奇跡はもぎ取れないのです。

✲何の権威によって

マルコによる福音書11章27〜33節

「何の権威によってこれらの事をするのですか」（28節）と祭司長、律法学者、長老たちが尋ねています。「これらの事」というのは15節以降に記されている、いわゆる「宮清め」のことです。「イエスは宮に入り、宮の庭で売り買いしていた人々を追い出しはじめ、両替人の台や、はとを売る者の腰掛をくつがえし、また器ものを持って宮の庭を通り抜けるのをお許しにならなかった。そして、彼らに教えて言われた、『「わたしの家は、すべての国民の祈の家ととなえらるべきである」と書いてあるではないか。それだのに、あなたがたはそれを強盗の巣にしてしまった。』」（15〜17節）

なぜ宮に「両替人」がいるのかといいますと、これは一万円札を千円札に替える両替ではありません。当時流通していた貨幣はカイザルの像が刻印されていた貨幣でした。日常生活はこの貨幣を使っていました。ところが神殿への献金はユダヤ貨幣が使われました。民族のプライドもありますし、刻まれた像がカイザルなので、偶像礼拝につながると考えたからでもあります。それはそれで良いのですが、そのレートがべらぼうに高いのです。それは強盗に近い、詐欺に近いレートだったといわれます。祭司と両替人が結託していました。鳩を売る商人しかりです。なぜこのような商人が神殿にいたかといいますと、燔祭の捧げ物は牛、羊、やぎですが、庶民には手が出ません。それで貧しい者は鳩を捧げ物としました。ところがその鳩は傷があってはなりません。それで普通の市場で売っている鳩では受け付けてもらえないのです。市価の何倍もする宮の鳩を買わなければなりません。これも祭司など指導者と鳩商人とが結託したわけです。それをイエスは怒っておられるのです。

直接行動の挙に出られた主イエスですが、指導者は公然とは論争をしません。勝ち目がないからです。それで尋ねるのです。「何の権威によってこれらの事をするのですか」。この質問は単純な質問ではありません。真のねらいは「あなたには権威がないはずだ」という非難です。この場合、祭司長、律法学者、長老には公認された資格があります。祭司長は神殿を取り仕切る権限が与えられています。律法学者は律法解釈の権限があり、長老はユダヤの政治をする権限がありました。つまりこの場合の権威とは資格に基づく権限のことです。主イエスはそのどれからもはみ出しています。祭司長、律法学者、長老の権威とはしきたり、慣習、地位に基づいています。そうなると今現在というのは過去のしきたり、先例、慣習の影のようなものです。主イエスは過去のしきたりや慣習、先例を時には無頓着に踏み越えて行かれました。

第一に、祭司長、律法学者、長老は過去のしきたり、先例、慣習を持ち出すことで、自分の責任を避けようとしたのです。第二に、彼らは律法のきまりを恐れていたのではなく、実は民衆を恐れていました。民衆を侮りながら、民衆を恐れていたのです。むしろ民衆を侮ったから、民衆を恐れなければならなかったのです。独裁者が民衆を侮りつつ、そして侮るがゆえに民衆をもっとも恐れるのと同じです。第三に、この民衆恐怖の根は、神のものを「私」に所有しているからです。神に聞かないで民衆におもねているのです。その価値観の本音は、自分より強いか弱いか、自分に有利か不利か、高いか低いかだけが関心事なのです。

一言でそれを俗物主義と名付けても良いでしょう。英語でこの俗物のことを snob と言うようです。辞書の説明によれば、「げす、紳士気取りの俗物、地位財産などの崇拝家、上にへつらい下に横柄な人」とあります。まさにここに登場するイエスの敵対者は snob です。その自己矛盾を主イエスは見抜いてその割れ目をすり抜けられます。「ヨハネのバプテスマは天からであったか、人からであったか」（30節）と尋ねられました。彼らは「知らない」と逃げだしたのでした。「天から」と答えれば「なぜ見殺しにしたか」と問い返され、「人から」と答えれば、民衆の怒りを買うことは火を見るより明らかだったのです。「わかりません」と彼らは答え、イエスも「わたしも……言うまい」と返されました。もし主イエスが答えられたとしたら、パウロと同じく「人々からでもなく、人によってでもなく……父なる神によって立てられた」と答えたにちがいありません。「権威」は自らの権威について弁証したり、弁護したり、基礎づけたりはしません。そうすることで確立するものではないのです。

権威とは愛と同様に「ある」か「ない」かのどちらかです。愛も自己弁護や言い訳によって確立するものではありません。愛はその実践と実績をとおして、つまり愛することのみによって確立されるものです。権威もまた同様です。主イエスは「言うまい」と言われました。それは謀略をすり抜けるためであったばかりではありません。権威はあの十字架の道を歩み通すことによって証明されるものだからでした。

権威とは恐れなき愛のことです。権威は自分のためにあるのではありません。十字架の道を歩み尽くすこと、負い抜くこと、責任を私心なく果たすこと、そこに権威があります。権威と権力とは何のためにあるのかといえば「まとめる」ため、秩序のためです。この頃は父親の権威がなくなったと嘆かれますが、それは家族がバラバラになっていく危機を言っています。権威がなくなるとは「まとめる力」、あるいは「まとまる力」がなくなったことを言います。また権威とはまとめる力であると同時に、「方向づける力」です。

まとめる力には権威と権力があります。札幌農学校に校長として赴任したクラーク博士が最初に要求されたことは、生徒が従うべき規則を作ることでした。しかしクラーク博士は「規則はいらぬ。規則で教育はできない。必要な規則は『紳士であれ』この一語で十分だ」と答えたといわれます。クラーク博士が日本を去った後、すぐ校則が作られました。権威でまとめていたのが、権威なき校長は規則、つまり権力でまとめなければならなかったのです。もっともクラーク博士も長く校長職にいたならば、規則を作ったと思います。でも、できるならば規則は少なければ少ないほうがよいというのは言うまでもありません。

法律や規則は不信を前提としています。規則や法律だけに依存したまとまりは力が失われるのは確かです。権威のない権力は取り締まりと一対です。真の権威は自発的に言うことを聞かせる力といってもいいでしょう。無理強いされないで、納得、尊敬、信頼の絆でまとめられる、それが権威でありましょう。他方、権力は無理やりでも言うことを聞かせる力です。そこには自由がありません。納得、尊敬、信頼の絆に代わって、威圧、脅迫、処罰のたがで締め付けます。

長女の中学時代はひどく学校が荒れていました。生徒手帳の規則は煩雑をきわめ、その規則の中にはどうしてこんな規則があるのかわからないものまでありました。荒れる生徒に体罰処罰威圧で教師は臨み、そうするとますます荒れる、の悪循環でした。まるで強制収容所に娘を送り込むような感じでした。ある日、父兄面談で注意されました。これは忘れられません。「お宅のお嬢さんは規則に反して櫛を持ってきています。厳重に注意してください」。

私は何の櫛なのか一瞬わからなかったほどです。まさか焼き鳥でも学校で食べたわけではあるまいと思ったほどです。ところが髪をすく櫛のことなのです。「どうして持って行ってはいけないのですか」と聞きますと、「いや、櫛を許可すると髪をすいたりして授業中に落ち着かないのです」との答えでした。それは櫛の問題ではなくて教師の指導力の問題です。問い詰めていくと教師も答えられなくなり、ついに「いや、お宅のお嬢さんの持って来る櫛は派手なんですよ。タレントの名前が印刷されていましてね」「地味ならいいんですか」「そういうわけでもありませんが、まあ黙認します」となりました。

こうして話すと滑稽ですが本当の話です。私がPTAの委員になると同時に校長も替わり、これが同じ学校かと思うほど変わりました。教員室での最初の一声が「体罰まかりならぬ」でした。権力主義教育、つまり体罰、処罰主義は教育の敗北宣言です。

ともあれ瑣末な規則主義と律法学者の律法主義とは同じ根です。まとまりと方向の印として十戒と律法が旧約の民に与えられました。ところが権威、すなわち「わたしは……あなたをエジプトの地、奴隷の家から導き出した者である」（出エジプト記20・2）という前文に現れた権威が抜け落ちて、規則と権力だけが残り、規則（律法）が神になるという逆立ちが起こったのでした。主イエスは神の権威をお持ちです。黙して行う権威、愛の権威です。主イエスこそ事をまとめる力、方向づける力、魂を生かす力、真の権威、権威の中の権威なのです。

「主の祈り」講解説教

「天にましますわれらの父よ」

「天にまします」と「主の祈り」は始まります。神の御座なる天と大空とは同一ではありませんが、大空が天を表象しているので、私たちは大空を見上げて神の御座なる天に思いを馳せることができます。

主イエスが「主の祈り」を教えてくださった時、私たちのように目を閉じて祈られたとは考えられません。今日の私たちの祈り方は内省を重んじた後代の神秘主義の影響だと言われています。主イエスが「主の祈り」を教えてくださった時の祈り方は、目を見開き、天を仰ぐことを前提にしていたと思われます。

私は朝、野良に出て百姓仕事を始める時、最初にすることは大空を見上げて目を見開き、

「天にまします我らの父よ」と「主の祈り」を唱えることです。私にとって祈りは、たとえ八方塞がりに苦しむ時でも、閉ざされざる「九方目」なる、天への心身の解放です。

西片町教会に在任中のことです。教会の大屋根のペンキを自力で、時間を作っては少しずつ塗り替えたことがあります。ある日のことです。求道者の若い女性から思い詰めた声で「勤め帰りに教会に行くので話を聞いてほしい」と電話がありました。夕方まで時間があったので屋根に上り、ペンキ塗りをしていました。ところがよほどつらかったと見えて、勤めを早退してやって来てしまいました。私はふと思うことがあって「屋根に上がっておいで」と招じました。恐る恐る登って来た彼女は、日が傾く彼方に見える富士山の眺望に感動していました。

「沈む夕日も富士山も、これから夜空に輝く星たちも、あなたが生まれるずっとずっと昔から同じだったんだよ。ぼくたちが死んだ後も同じなんだよ。主イエスは、この大空を見上げて『天にまします我らの父よ』と祈るように教えてくださったのです」

しばし屋根で時を過ごした後、「さて、あなたの話を聞こうか」と下りようとしたところ、彼女は言いました。「先生、もう話を聞いていただかなくてもいいです。何だか、今くよくよと悩んでいることが馬鹿らしくなりました」。私は彼女が何に悩んでいたかを聞かないままに、お茶を飲んで談笑し、面会を終えました。

「我らの父よ」と主イエスは神を呼ぶことを許されます。そもそも神を父と呼ぶ箇所は旧約にはまったくありません。新約になって初めて登場する呼称なのです。しかも主イエスも使徒パウロも「アッバ父」とさえ呼びかけています。アッバとは「パパ」とか「父ちゃん」といった意味で、甘えた響きをもつ呼称なのです。

近年、女性解放神学を展開している牧師の中には、女性差別と父権主義を助長するという理由で、神を父と呼ばない人がいます。もとより女性差別や父権主義に私も反対ですが、さりとて聖書を書き換えるわけにはいきません。

旧約の父権主義的神理解に主イエスも使徒パウロも変更を加えたのだと私は思います。あえて言えば神観念に「母性」の要素を取り込んだのではないかと思います。つまり無条件受容として理解される母性です。

実際には母なる人がすべて無条件受容の「お袋さん」的優しさを有しているとはかぎりません。煩わしくなってわが娘を橋の欄干から突き落として殺した母親もいるほどですから。

しかし憧れとしての母性は無条件受容の「お袋さん」であるのは確かです。

主イエスは神を「母なる神」とは言われませんでしたが、帰ってきた放蕩息子を無条件に受容する父として神の愛の譬え話をされました。峻厳なる神を否定されたわけではありませんが、無条件受容をする「お袋」のような優しさを示す「アッバ父」であると、主イエスは「主の祈り」でまず教えてくださいました。

「甘え」は私たちのよくない性癖としてしばしば語られます。丸投げ依存性癖はよくないし、それをむやみに受け容れる「甘やかし」がいいわけではありません。しかし、私たちの魂のもっとも深い拠り所は「甘えられる懐」です。人生の錨を下ろす港の安らぎは「神への甘え」にあります。その母港を持たないで荒ぶる大海を乗り切ることはできません。

やたらに教師にベタベタとまとわりつく情緒不安定な子どもをよく観察すると、親に十分に甘えさせてもらっていないことに原因がある場合があります。落ち着いた判断力が育てられている自律する子どもは、適切かつ十分に親に「甘えられる」経験をしています。もちろん「甘え」は何でも子どもの言いなりにしてやることではありません。

これは私たちおとなにも当てはまることです。私たちおとなも「大きくなった子ども」という性質があるからです。その消息をご存じだった主イエスは「子供のように神の国を受け入れる人でなければ、決してそこに入ることはできない」（ルカ18・17）と言われました。神に甘えさせていただく、それが信仰です。信頼とは相手の懐に飛び込むことで、これは勇気のいることです。信仰とは神の懐に飛び込み、赦しに甘えることです。それが「幼な子のようになって神の国に入る」ことなのです。

在米中に通った黒人教会の説教で神の愛を表現する際によく聞いた単語の一つに「スウィート（sweet）」がありました。「甘え」への思いはこの国でも同じなのだと思わされたものです。「甘さ」は疲労回復の源です。ただし高血糖症は危険ですが、これは「甘え」の誤った摂取であって、この問題は別個に取り扱わなければなりません。

「御名が崇められますように」

「崇められる」は「聖別したまえ」の意味です。ギリシャ語の元来のニュアンスは私にはわかりませんが、漢字「聖」の語源を検索すると「耳＋口＋壬」に分解され、口は器を、壬は作業台を表すようです。神の声に耳を傾けて、祈祷台の上の器に神意を受け取るとイメージされ、従って「神の声を聞きうる人」が原意のようです。

御名を崇めるとは、自己ではなく、御名に名誉を帰すことです。

私たちは自分の名誉にこだわります。加齢と共にさまざまな欲望は衰えますが、名誉欲は衰えません。物心ついた幼児にも、いまわの老人にも不名誉ほど耐え難いものはないのです。

「誇り・自尊心」は人格を支えている柱の一つです。この自尊心は感情という人格の地下深くに根を張っていて、なくてならぬものであるがゆえに、時には自分にも手に負えないものになります。激しい怒りの多くは、名誉を傷つけられることでマグマのように噴出し、自分でも収められないほどです。対人関係がぬきさしならぬ破綻に陥るほとんどは、傷つけられた自尊心に関係しています。これは個人だけでなく、国家にも当てはまり、戦争と国家の名誉とは密接不可分です。その自尊心を保持するために、自尊心から始めず、神に名誉を帰することから始めるようにという招きが「主の祈り」です。自尊心を神の御前で一度捨てた者が、揺るぎない自尊心を神から与えられるというのです。「福音のために命を捨てた者が命を得る」と主イエスが説いておられますが、同じ消息を物語っています。

周辺を眺め渡しても、自分の面子ばかりを神経質に重んじ、体面を傷つけられたとやたら怒り出す人は尊敬されないものです。そのためにますます怒りっぽくなるという悪循環を繰り返しています。人間関係は地雷原を歩くような危うさです。傷つきやすい自尊心をうっかり踏みつけると爆発して大怪我をしたり、時には命を落とします。自分の過去を振り返ると、自尊心地雷をうっかり踏みつけて破綻させた人間関係の残骸が累々と横たわっています。

傷つきやすい己の自尊心地雷の信管を取り外す営為の繰り返しが「主の祈り」ではないで

しょうか。使徒パウロは「わたしは生まれて八日目に割礼を受け、イスラエルの民に属し、ベニヤミン族の出身で、ヘブライ人の中のヘブライ人です。律法に関してはファリサイ派の一員、熱心さの点では教会の迫害者、律法の義については非のうちどころのない者でした。しかし、わたしにとって有利であったこれらのことを、キリストのゆえに損失と見なすようになったのです」（フィリピ3・5〜7）と価値転換をし、逆に世間が嘲笑したり忌避したりする「弱さ」を「誇り」としました。この転換が自尊心地雷の信管取り外しです。そしてパウロは「誇る者は主を誇れ」と堂々たる宣言をします。

わが小さな自尊心から解放されて、御名に名誉を帰すという自由さの体現を「信仰」と聖書は名付けます。わが小さな自尊心から解放された度合いに応じて、自由で伸びやかに生かされ、対人的にもつきあいやすい者になれるのではないでしょうか。私は「主の祈り」を唱える時には常に「自己拘泥から解き放ってください」という思いを込めて祈っています。他者に対していたずらに自尊心地雷を踏まないよう気配りをし、己に対してはできるだけ地雷信管を外して小さな自尊心を暴発させないように心がけています。その自己処理の中心に「主の祈り」があります。

「御国を来らせたまえ」

「御国」を字義どおり訳せば「あなたの支配」となり、「神の国」「天の国」を意味します。この祈りでは御国がいつ来ると想定されているのでしょうか。一つは神による歴史の完成、つまり終末到来の時です。同時に御国は時間の彼方から来るばかりでなく、ルカ17章20〜21節では、現在的なものとして語られています。

「ファリサイ派の人々が、神の国はいつ来るのかと尋ねたので、イエスは答えて言われた。『神の国は、見える形では来ない。「ここにある」「あそこにある」と言えるものでもない。実に、神の国はあなたがたの間にあるのだ。』」

神の国には、国家のように領土も法律も制度も、秩序維持のための強制力を行使する警察も軍隊もありません。御国には強制力のある権力ではなく、愛の権威だけがあります。その権威を受け入れて従うかどうかは「契約」相手の私たちが決定しなければなりません。

旧約（古い契約）と新約（新しい契約）とはどのような繋がりがあるのでしょうか。旧約聖書を読むと、現在パレスチナで起こっている紛争と瓜二つです。旧約がことさらに残忍な戦争史なのではなく、世界史そのものがそうなのではないでしょうか。旧約ばかりでなく、そもそもこの世の根本の法は「因果応報・信賞必罰」です。それは今も続く否定できない秩序の根幹です。

「目には目を、歯には歯を」を残忍な復讐と考えるのは誤解です。最古の成文法「ハムラビ法典」以来の法の根幹であって、むしろ無制限になりがちなリンチの国家的制限を定めています。しかし因果応報・信賞必罰だけでこの世が完結しないのも真実です。そのことを予感して語っているのも旧約聖書です。「主は国々の争いを裁き、多くの民を戒められる。彼らは剣を打ち直して鋤とし／槍を打ち直して鎌とする。国は国に向かって剣を上げず／もはや戦うことを学ばない」（イザヤ書２・４）

信賞必罰を告げる十戒でさえ、「わたしを否む者には、父祖の罪を子孫に三代、四代までも問うが、わたしを愛し、わたしの戒めを守る者には、幾千代にも及ぶ慈しみを与える」（出エジプト記20・5〜6）と、呪いは「三代、四代」、祝福は「幾千代」と圧倒的差をつけています。また、因果応報を越えるもう一つの秘儀をヨブ記は告げ、私たちの身に起こる不運な悲惨をすべて因果応報でかたづけられないとその結末で語ります。世界史では、キリスト以前（BC）と以後（AD）とを一繋がりにしていますが、私たちの信仰ではそのような繋がり方をしません。天と地に接点がないように、「御国」は天にあって世と連続せず、「主はまたつむじ風の中からヨブに答えられた」（ヨブ記40・6口語訳、「嵐の中から」新共同訳）ごとく、「思いのままに」（ヨハネ3・8）信・望・愛の支配として降り来ります。

私のイメージでは、御国は天から嵐となって竜巻のように一点に降り来り、破壊ではなく、祝福を吹き込み、罪過を巻き取ります。御国の力は聖霊（聖なる風）です。思いがけない時と所と方法で、つむじ風（竜巻の嵐）のように吹き抜けて愛と平和を実現されます。愛には制度的保証がありません。この「天の国」を哲学は理想とか、絶対精神と名づけますが、信仰者にとっては単なる理念ではなく、私たちの心と身体を揺り動かす力、スピリットなのです。「主の祈り」で私たちはその力を希求して祈ります。

「御心の天に成るごとく、地にも成らせたまえ」

原語を直訳すると「あなたの意志が天で実現しているように、地上でも実現してください」となります。

天の国も地上の国も「意志」が貫かれていることでは共通しています。そしてこの天と地が連続していないように、二つの国は連続していない、と前回で書きました。そして両者が繋がるのは、天から予測できない時と所と方法で竜巻が一点に降ってくるようです、と述べました。もちろん、この竜巻は破壊ではなく、命を吹き込む竜巻です。その竜巻をヨハネ福音書で主イエスは「思いのまま」に吹く風のような聖霊（スピリット）であると語っておられます。

神のご意志は愛の恵みをもって人に命を与えることです。地上の国家意志は容赦しない強制力をもって従わせます。それが法的秩序というものです。その秩序が公正であるかどうかは重要で、公正を目指す仕組みを私たちは民主主義と呼んでいます。それに対して天の国・神の国の掟は愛です。愛には強制力はありません。

宗教改革者ルターは「キリスト者の自由」という冊子の冒頭で、キリスト者を次のように定義しています。「キリスト者とは何であるか、……私は次の二つの命題をかかげてみたい。キリスト者はすべてのものの上に立つ自由な主人であって、誰にも服しない。キリスト者は、すべてのものに仕える僕であって、誰にでも服する」。このような自由と愛との結合が神の国の意志の反映です。

スイスの精神科医であり、キリスト教思想家でもあるボヴェー博士が興味深い洞察をして、次のような趣旨の論述をしています。

――近代はフランス革命によって始まったのだが、そのスローガンは自由、平等、博愛であった。その後、自由を社会体制の中心に据えたのが自由主義社会（資本主義）であり、平等を中心に据えたのが社会主義社会であった。ところが博愛主義は社会体制にならなかった。

なぜなら、愛は社会体制として制度保証はできないからである。愛は本質において聖霊に属していて、教会がそれを言葉と行いにおいて証言するようにと召されている――

あえて言えば、愛ほど「気まぐれ」なものはなく、燃えるにしても、冷えるにしても本人にさえままならぬスピリットなのです。しかしいかなる完璧な平等社会が実現したとしても「愛がなければ、無に等しい」（Ⅰコリント13・2）であるどころか地獄です。逆にどんなひどい不平等社会、独裁者の支配する暗黒社会であっても、愛が不可能な社会も存在しないし、愛によって喜びと感謝をもって生きていけない社会はないのです。

その神の愛を今ここで実現して、命の炎を消すことなく、今一度燃やしてくださいとの願いが「御心を地にも」という祈りです。

心（意志）は天においても、私たちにおいても「気まま」です。自分の「気まま」ではなく、神の「気まま」の真実を実現してくださいという祈りを私たちは捧げなければなりません。

神学生時代に、私の恩師・鈴木正久牧師に「思いどおりにいきません」と嘆いたことがありました。先生は、微笑して「そりゃあいいことだ。君の思っていることが、たちどころにすべて実現したら大変なことになるからな」と言い放たれました。

一瞬、言われた痛烈な皮肉の意味がわからなかったのですが、数秒おいて了解しました。あまりにも切れ味のいい皮肉だったので痛みも怒りも起こりようがありません。

「思いどおりにならない」という嘆きは、私の「思い」は善であるという前提です。しかし、私の「思い」の多くは、それを口にするだけでひんしゅくどころか、犯罪的なことさえ「思って」いるのです。その「思い」がそのとおりになったら大変なことです。「私の思いではなく、あなたの御心を」と繰り返し祈らねばならない理由です。

「我らの日用の糧を今日も与えたまえ」

長女がまだ小学校低学年の頃のことでした。ある日曜日の夕食の時「教会学校でする『主の祈り』って変だねぇ。だって、どうして日曜の家庭だけのことを祈るの？」と聞いたのです。確かに小学校低学年の子どもにとって「日用の糧」という語彙がある わけがありません。自分の知っている語彙で理解すれば「日曜の家庭」となるのも当たり前です。説明してやりながら「糧」を「家庭」と理解するのはとても興味深い誤解だと思い至りました。

「餌」と「糧」とはどこが違うというのでしょうか。動物に与える食糧を「餌」というわけです。それは要するに家畜が生存するための栄養源です。人間にとっても生存するための栄養源は同様に必要ですが、糧は単なる栄養源ではありません。

「餌と糧とを分けるのはビタミンI《アイ》ですよ」と私は時々駄洒落を言います。つまりビタミン愛がなければ栄養源の餌ではあるが、糧にはならないのです。

家畜の餌の食べ方の特徴は孤食です。群れて餌を食べていますが、分け合って食べているわけではありません。人間の食事の特徴は共食にあります。共に分け合って食べる、それが食卓であり、糧であり、家庭を家庭たらしめているものです。それで主イエスは「我らの」という言葉を大切な一句としてこの祈りに加えられたのではないでしょうか。

ところが、孤食する動物たちよりも、共食する人間の方が、糧をめぐっての争いは恐ろしく陰惨なものになっています。動物は自然という掟に守られ、その枠内で生きています。満腹しているライオンは獲物が目の前にいても襲ったりしません。満腹していてもなお襲い、奪うのが私たち人間です。

狩猟民族であった縄文文明跡から発掘される武器と、農耕民族の弥生文明跡から発掘される武器の違いを、ある考古学者がラジオで語っていました。聞き間違ったのではないかと私は耳を疑いました。縄文時代の武器はヤワな矢尻であるのに対して、弥生時代になると矢尻が鋭利になるというのです。

動物を殺して食糧にする民族は残酷で、米を食べる農耕民族は穏和なはずだと私は思い込んでいました。違うのです。狩猟民族は獲物を分け合って食べました。なぜなら蓄えることができないからです。ところが稲作民族は、土地面積に収量が比例し、米を蓄えられるようになるに及んで、人間を殺せる武器が必要になったのです。つまり土地を奪い、蓄積した米を奪うのは人間だからです。

共食をもっとも必要とする人間が、もっとも残忍に食糧を奪い合う動物となりました。ライオンがライオンを、狼が狼を殺すまで争うことは原則としてありません。自然の掟がそれをさせないのです。自然の掟を踏み越えて、人間だけが奪うために殺し合うのです。それゆえに「主の祈り」は今日ますます切実な祈りなのです。飽食の私たち工業国と、飢餓線上にいる農業国とに地球は二分されてしまいました。追い詰められた人々の貧困がテロリズムの遠因であることを誰もが認める時代に生きています。「我らの日用の糧」を祈る祈りが切実なものになっている時代に私たちは生きています。

私にとって「今日も与えたまえ」という部分が、いちばん祈りにくいのです。なぜなら、祈らずとも「今日の」糧は冷蔵庫の中にあるし、収穫した米も、手作りした味噌も一年分小屋に積んであります。スーパーに行って食料を調達してくるお金もあります。

それなのに生活の安定を求めています。この場合、生活の安定とは「今日の糧」ではなく、今後の生活の安定とその保障を指します。しかしながら、なにがしかの蓄えと年金があったとしても、本当はそれがどれだけ今後当てになるでしょうか。少々の好景気が持続したところで到底返済できるような赤字国債ではありませんから、いつ超インフレになってもおかしくありません。そうなったら年金生活者を直撃します。生活安定の将来保障などないのかもしれません。

私たちは先々の心配で心を闇になどしないで「今日」という日を感謝し、自分と人のために可能なことを誠実にやりながら日々を充実して生き抜くのです。それが「主の祈り」の今日的精神なのかもしれません。

「我らに罪を犯す者を我らが赦すごとく我らの罪をも赦したまえ」

一七歳の時結核療養所に入り、二年間療養生活をしたのですが、その時に受洗をしました。療養所の聖書研究会では集会の度に「主の祈り」が唱えられ、まもなくそらんじたのですが、「我らに罪を犯す者を我らが赦すごとく我らの罪をも赦したまえ」の部分がどうしても祈れなくて、この部分に来ると私は沈黙しました。

当時、私が尊敬し、圧倒的影響を受けていた先輩が、その沈黙に気づいて理由を尋ねたのです。私は正直に告白しました。

「あいつを赦すくらいなら、ボクはキリスト信者になりません」。「今に見ておれ」と雪辱を心に期して、その怨恨をバネに生きていた「あいつ」とは、私の叔父でした。

私が中学二年の時わが家は破産し、一家離散しました。私は子どものいない叔父夫婦に引き取られたのです。私はすでに高校進学は諦めていたのですが、修学旅行にはどうしても行きたかったのです。それを叔父に話したところ、条件付きで承諾してくれました。叔父は生命保険会社の支店を開いていました。毎朝、店の土間を掃除をすれば、その度に一〇円を与え、それを貯金箱に入れて積み立て、不足分は叔父が出すという条件でした。上手に掃除ができなくて叔母にしばしば叱られながらも、とにかくそれを続けました。ところが修学旅行が近づいてきた時、叔父がなぜかその約束を反故にしたのです。私はとてもがっかりし、土間掃除もやめてしまいました。すると貯金箱もどこかに隠されてしまいました。

叔父夫婦が留守をした日がありました。私は家捜しをしてその貯金箱を見つけだし、鍵がないので入れた穴から一〇円玉を苦労しながら取り出していたのです。その最中に叔父夫婦が帰宅しました。叔父に泥棒呼ばわりされて、私は家を追い出されてしまいました。

叔父が烈火のごとく怒ったことを今となれば了解できますが、当時の私としては「あの貯金箱は自分のものだ。約束を反故にした叔父の方が悪い」と信じて疑いませんでした。そして私を叩きだした叔父夫婦を心底恨んだのです。

その経緯を先輩に話しました。先輩は「和解してくるように」と強い助言をしたのです。私は困ったのですが、療養所に一日外出届けを出してバスに乗り、叔父の家に行きました。店の前を往ったり来たりして考えたのですが、和解のセリフが思いつかないのです。ままよとばかり何もセリフを考えないまま玄関を開けました。叔父は目を丸くして驚き、黙ったまま下駄履きの私の足元までジロジロと視線を落としていきました。しばらくお互いが言葉を見つけることができません。私は「サイナラ」とだけ挨拶して後ろ手で玄関を閉めて退出してしまいました。

不思議なことが心に起こったのです。惨めになるかと思いきや、爽やかな風が吹き抜けるような思いになり、叔父への怨恨が吹き払われるように消失してしまいました。「雪辱を期す」という、棒を呑み込んだような不自由さが霧散してしまっていたのです。これが「聖霊の業」というのだろうと私なりに納得しました。赦さないでいる、怨恨に捕らえられていることがいかに不自由なことかを、怨恨消失を経験することで発見しました。

神の赦しは、私たちが罪を赦す、赦さないを越えて先行しています。それは確かなことです。つまり「赦し」は約束どおり「神の銀行」に入金されていますが、暗証番号を押して

「神の銀行」から赦しという現金を引き出さなければ、それは私には使えるものにはならず、事実上、手元にないに等しくなるのです。現金化の暗証番号は「罪を赦すごとく」です。叔父との関係で、暗証番号を押すことができたので、私は解放され、すっかり叔父夫婦のことは念頭から去りました。

後日談。私が牧師になってかなりたってからのことです。どうやって私のことを調べたのか、叔母から親書が突然来ました。「将信さんにとっていちばん助けてあげなければならない時に助けてあげなくてごめんなさい。立派な牧師さんになられた由。心からお喜び申し上げます」という文面で始まっていました。用件は、叔父が亡くなり、迎えた養子に遺産相続をさせたいので「相続権の放棄」をしてほしいというものでした。子どもがいない場合、甥・姪まで相続権が及ぶらしいのです。すぐに私は相続権放棄の押印をして送りました。

「我らをこころみにあわせず、悪より救いいだしたまえ」

新共同訳は「わたしたちを誘惑に遭わせず、悪い者から救ってください」（マタイ6・13）と訳しています。「こころみ」の原語は「誘惑」とも「試練」とも訳されています。

私の印象によれば、日本語は傾向として「善玉語」と「悪玉語」に分類され、文脈によって悪い意味にも、良い意味にもなる「中立語」が少ないように思われます。日本語に翻訳された聖書を私たちは読んでいますが、「同じ原語だったの？」と驚く言葉がいくつかあります。

私が気づいた例を挙げれば、「思い悩む」（「メリムナオー」マタイ6・25）が、違う文脈では「配慮する」（Ⅰコリント12・25）と訳されます。主イエスを「裏切る」（マタイ26・48）ユダ

「我らをこころみにあわせず、悪より救いいだしたまえ」

と訳される言葉が、パウロ書簡では福音を「伝える」（ローマ6・17）と訳される箇所もあります。原語は「引き渡す」（パラディドミ）です。

「主の祈り」の「こころみ」（ペイラスモス）もその一つです。不如意に遭遇し、つらく切ない生活を強いられた時、安易さの中でなまった己を鍛練し直せという神からのメッセージとして受けとめられた場合を私たちは「試練」と呼びます。

反対に、不運に遭遇して自暴自棄のきっかけになる時、堕落の「誘惑」となります。聖書翻訳者は文脈で「試練」と善玉語で訳するのか、「誘惑」と悪玉語で訳するのかを判断して訳語を与えているわけです。

翻訳上のことばかりでなく、私たちの生活そのものが、同じ経験をしても、ある人には自分を練り直す「試練」になり、ある人には自分を破滅させる「誘惑」になり得るのです。

「悪より救いいだしたまえ」の「悪」は新共同訳では「悪い者」と訳されています。実はこの違いは原語解釈の違いから生じています。

ギリシャ語のすべての名詞は男性名詞、女性名詞、中性名詞と分類されています。「悪」と訳すか「悪い者」と訳すかは、中性名詞ととるか、男性名詞ととるかの違いから生じています。どちらにも理解できるからです。中性名詞と理解すれば「悪」と訳され、男性名詞と理解すれば人格のある「悪い者」と解されます。

今日ではほとんどの翻訳が男性名詞と解して「悪い者」と訳していますが、この「悪い者」とは誰を指しているのでしょうか。人間とも、悪魔（サタン）とも解されます。私はサタンと解釈しています。

ヨブ記における神とサタンとの対話やⅡコリント12章のパウロの告白は、病気という試練をサタンの業と理解しています。病気は人間を破滅させ得る力ではありますが、ヨブやパウロの理解では神の敵対者ではなく、むしろ神の手下として用いられます。それが「試み」です。

神と悪魔（サタン）を対等な対立関係にあると聖書は考えていません。なぜそうなのかを私は説明することはできません。天使だったが堕落してサタンになったという解釈もあります。サタンや悪の存在の不可思議さには古来、人類は悩んできたことは確かです。

聖書はその点で明白です。私たちを危機に陥れるマイナス状況や経験も神の御手と無縁ではない、これが聖書のメッセージです。そのことを受け入れられるのは論理的認識によってではなく、信仰上の闘いなのです。

「わたしの身に一つのとげ〔病気〕が与えられました。それは、思い上がらないように、わたしを痛めつけるために、サタンから送られた使いです」（Ⅱコリント12・7）とパウロが言い得たのは、繰り返し祈った挙句、ついにたどり着けた信仰告白だったからです。

とはいえ、このような「こころみ」を私たちは好んで迎えることはできません。また試練として受け止められる自信などありません。ですから、「主よ、こころみにあわせないでください」が私たちの祈りです。

「種まきの譬え話」講解説教

ルカによる福音書8章4～15節の講解説教要旨

譬え話はわかりやすくするために語られると私たちは考えています。ところが「『……聞いても理解できない』ようになるため」（10節）と主イエスが言われるのです。意地悪な感じにもなりかねません。この点については「あなたがた」と「他の人々」に解釈の鍵があると私は考えます。

ユダヤ系宗教哲学者・マルティン・ブーバー（一八七八～一九六五）が、関係の根源語は「我—汝」と「我—それ」にあると言っています。つまり二人称で関係を持つか、三人称で関係を持つかだというのです。

たとえば、ある人の詳しい履歴を調べ上げて、その人を理解しようとします。これが三人称による理解です。それがいかに微に入り細に入って知ったとしても、その人について知ったのであって、その人を知ったのではありません。それに対して一目惚れの恋愛の場合、お互いの履歴についてはほとんど知りません。しかしお互いが「知り合った」（出会った）のです。これが二人称で知る知り方です。

信仰とは神をイエス・キリストにおいて二人称で知る、つまり出会うことです。弟子たちは主イエスと「あなたがた」という関係になっているので「神の国の秘密」を悟ることができますが、「他の人々」にとって主イエスは他人事であり、せいぜい興味の対象でしかありません。

月一度、私は長野カルチャーセンターで講師として聖書講義をしています。それはそれでとても有意義なことだと考えて、喜んで行っています。しかし、あくまでも出席者には文化としての聖書を講じているわけで、お祈りはありません。同じようなことを礼拝でも話しているのですが、決定的に違うのは、礼拝では神に二人称で話しかける祈祷があることです。知り方が違うのです。

この関係根源語は真理だと私は考えていますが、実は日本語には英語のＹＯＵに該当する言葉がありません。聖書では「あなた」と訳語を与えていますが、これは約束事としてそうしているのであって、日本語一般の使い方ではありません。

　ある方が「『主の祈り』は最後に『汝のものなればなり』で終わりますよね。あの汝は誰を指しているのですか。まさか神ではないでしょうね」と質問されました。実に健全な言語感覚です。日本語の暗黙の約束事としては目上の人に「汝」とか「あなた」とかは使えないのです。たとえ敬意を込めていたとしても、生徒が先生に「あなたの授業はわかりやすいです」などとは言えません。「先生の授業はわかりやすいです」と必ず身分を二人称にするのです。身分制度はなくなりましたが、言語の身分制はおいそれとはなくなりません。

　ともあれ、日本語では誰にでも使えるＹＯＵに当たる言葉はありませんが、ブーバーの指摘する関係根源語は真理です。種まきの譬え話は神さまとの二人称関係への招きです。

道端に落ちた種（5節）

前回で述べたように、「神の国の秘密を悟ることが許されている」（10節）とは、主イエスの福音と二人称関係の絆で結ばれることなのです。種まきの譬え話はその二人称関係への招きです。二人称関係とは心と心を通わせる関係のことです。

「道端に落ちた種」とはまったく二人称の親しい関係にならない、無関心の通りすがりの関係です。たとえキリスト教が嫌いという場合でも、無関心よりはまだ二人称関係に近いのです。

キリスト者になった人の証しを聞いてみると、最初、キリスト教に反発していたという方が少なからずおられるものです。反発という形であれ、関心があるという点では道端と畑の境界線に落ちた種のようなものかもしれません。関心を示すことは関係の始まりです。反発であっても無関心よりははるかに関係が近いのです。近いというより、むしろ、否定的であるとはいえ、関係そのものです。

昔、何かの書物で読んだのですが、剣の達人だった宮本武蔵も勝てない人物がいたそうです。その人物の剣術は相手の面とか胴とかではなく、親指を切る術だったというのです。どんな剣豪でも親指を切られては刀が握れなくなります。

真理に出会い、その真理を把握する際の親指に当たるものが関心です。

ちなみに「概念」をドイツ語で「ベグリフ」と言いますが、同じ語根を持つ動詞は「握る」です。たとえば「彼の振るまいは日本人そのものだ」と誰かを捉え、認識する時、その人には「日本人」という概念（握り）があります。適切か不適切かは別として何かを捉える時、私たちは必ず概念という握りを持っています。その概念（握り）を駆使するのは関心だったり、好奇心だったりするのですが、その関心も好奇心もない場合、どうすることもできません。

主イエスの譬え話は二人称関係への招きであり、関心の呼び起こしでありますが、その関心を示さない人のことを「道端に落ちた種」と言われたのです。

主イエスといえども無関心な人はいかんともすることができません。もちろん、どうすることもできないとはいえ、放置してよいわけではありません。たとえ道端に落ちた種であっても、鳥についばまれる前に、風で畑に運ばれるかもしれないのです。まかれた種は芽生える可能性があります。伝道者の業は工業と異なって、農業と同様にいわば無駄が多く、無駄を承知で種をまきます。天候に支配されている農業は、人間の目論見、計画どおりにいきません。その意味で伝道はきわめて効率が悪い業です。

その消息をコヘレトの言葉（伝道の書）11章では「あなたのパンを水に浮かべて流すがよい。月日がたってから、それを見いだすだろう」（1節）と語っています。

「水に浮かべたパン」はすぐ水に溶けて跡形もなくなってしまいます。無駄そのものに見えます。しかしそのパンが魚の餌となって、後の日、下流の人がその魚を釣り上げて、養いとするかもしれないのです。それも長い目で見た報酬ではないでしょうか。

石地に落ちた種（6節）

石地に落ちた種は、すぐに芽を出します。発芽に必要なのは熱と水分です。その意味で石地は発芽しやすいのです。しかし十分に耕されていないので根が張れず、枯れてしまいます。

この場面は、熱しやすすく冷めやすい感激屋さんの話です。福音に感動したのですから「喜んで受け入れる」（13節）ということ自体に問題があるわけではありません。感動とは心が開かれること、要するに感情が喜びで動いたのです。「神・人」関係であれ、人間関係であれ、喜びの感情が動くところから出会いの門は開かれます。この感情が動かなければ「道端に落ちた種」です。

この感情はとても大切なものであるにもかかわらず、感情にはある種の「気まぐれさ」がつきまとい、実に始末の悪いものです。われながらその始末の悪さにあきれ、まるでラグビーボールのようだと思わずにはおれません。この楕円ボールは抱えるのには具合がいいのですが、ひとたび取り落とすと、どこにバウンドしていくのか予測がつかなくなる気まぐれさです。

関係の中でいちばん最初に反応するのが好悪の感情ですが、この感情はなぜか人格のいちばん奥深くにあるプライドに直結しています。私たちが気まずい関係になる八、九割はプライドの感情を傷つけたり、傷つけられたりしていることに関わりがあります。しかしそのことを口にはしません。それがプライドのプライドたるゆえんです。

「試練に遭うと身を引いてしまう」人に数多く会ってきました。もっとも信仰が必要であり、教会での交わりが必要なその時に「身を引いてしまう」のです。「試練」と言ってもさまざまです。困難ではあるが、プライドが傷つけられない試練もありますが、少なからぬ試練はプライドが傷つけられることが伴います。

たとえば、事業に失敗したとか、会社でリストラに遭遇したとかといった場合。これは単に不運だったとは言えない問題を抱えていて、本人はそれを教会で言い出しかねます。隠して隠せるわけではないが、さりとて境遇を説明するにはプライドを砕かなければなりません。それができなくて、信仰生活から「身を引いてしまう」ことがあるのです。

試練は自分を耕すチャンスです。根を張る機会なのです。詩編には繰り返し「砕かれた心」という言葉が歌われます。何が砕かれるのか、それは自尊心というプライドです。自尊心に代わって、パウロは「誇る者は主を誇れ」と自由で揺るぎないプライドの獲得を勧めています。パウロに刺さった肉体のとげという病気は彼を肉体的に苦しめただけではなく、自尊心をひどく傷つけました。傷ついた自尊心を抱えて「三度も（繰り返し）」祈ったのです。「主の恵みは弱いところに完全に現れる」というメッセージを聴き、ついに彼は自尊心を砕かれ、「弱さを誇る」という驚くべき心境に立つことができました（IIコリント12章）。こうして彼は「試練に遭って身を引いてしまう人」にならないですみました。

試練は硬い石地を耕す鍬のようなものかもしれません。打ち下ろされる鍬は硬い心を砕くので痛さを伴います。しかし、この砕きこそ良い土地に変えられるためにたどるべき道程なのです。

茨の中に落ちた種（7節）

種は茨の中に落ちると成長できず、結局は実を結べないと主イエスは譬えられます。

辞書によれば、茨とは「ノバラ、カラタチなど棘のある低木の総称」とあり、私はあまりよい語感を持ちませんが、「茨城県」「茨木」という県名、地名まであるので悪いイメージばかりが日本語にあるわけでもなさそうです。

「茨城県」は「茨の城（垣）によって賊を防ぐ」に由来するとの由。

「楽農家」になって、実際の種まきで経験したのは、茨ではなく、雑草が「一緒に伸びて、押しかぶさる」ことです。趣味で畑仕事を始める人はけっこういるのですが、挫折をする人もまた多いのです。何に挫折するかといえば、まず間違いなく雑草で行き詰まります。初夏の雑草のたくましさは驚くべきものであり、一週間も畑を放置しておくと、作物畑ではなく、雑草畑になり、意気が挫かれてしまいます。

初めて大豆畑に挑んだ年のことです。ベテラン百姓に「先生、欲をかきすぎんで、畦間を広く取れや」と注意されましたが、「たくさん大豆を穫ろうとして大豆を密集させすぎなさんな」という忠告だと誤解していたのです。つまり、大豆を密にまくと、栄養不足で十分に成長させられないと理解したのです。大豆用肥料を雑草分も含め、多目に与えれば大丈夫だと理解し、雑草掻きの手を抜いたのです。

作物に肥料が必要なのは言うまでもありませんが、それだけでは不充分なのです。むしろ少々肥料不足でも肥料過多よりましなほどです。大豆を密にまきすぎるなと、ベテラン百姓が私に忠告したのは、大豆に十分な陽光と風を与えなさいということでした。

なぜ雑草掻きをしないとならないかと言えば、雑草に養分を横取りされないためではありません。作物と雑草とが必死で争っているのは、肥料ではなく、日照権と通風権をめぐってです。風通しが悪いと害虫がたかりやすくなるのです。

主イエスが言われるように陽光を塞がれた方が負けです。放っておくと雑草の方が勢いがよく、大豆を覆ってしまいます。そうなると大豆は成長できません。雑草は根っこから抜いてやる必要はなく、掻けばいいのです。最初から発芽し直しを雑草にさせてやれば、大豆が成長して日照権を確保し、大豆に覆われた雑草は伸びることができなくなります。

雑草掻きをしながら主イエスの譬え話を思いめぐらしました。信仰・希望・愛は育てなければ育たない作物のようです。感謝や喜びの花は育てなければ咲きません。

まず作物はまかなければ決して芽は出てきません。まさに「まかぬ種は生えぬ」の諺どおりです。ところが雑草はまかなくても発芽します。雑草は何年でも土中で自分の出番を待っているそうです。確かに「争い、ねたみ、怒り、党派心、そしり、ざんげん、高慢、争乱」はまかなくても芽を出し、ひとたび芽を出したら勢いよく成長する雑草のようです。この雑草を根絶することは不可能で、一週間に一度は掻き取ってやらないと作物をふさいでしまいます。

一週間ごとに捧げる礼拝は雑草掻きに似ています。神の恵みという陽光を作物に与えて雑草に塞がれないようにし、神の風（霊）を吹き抜けさせて害虫がたかりにくくしてやる、それが私たちが毎週招かれている礼拝です。

良い土地に落ちた種（8節）

「立派な善い心」（15節）とはどんな心なのか、私にはうまく思い描けないのですが、原語で「良い土地」の「良い」と「立派な」とは同じ言葉が使われているので、日本語の「立派」にとらわれずに理解することにします。ちなみに「立派」を国語辞典は以下のように説明しています。

〔形動〕《一派を立てる意から。一説に「立破」の音から》1 威厳があって美しいさま。堂々としているさま。また、非常にすぐれているさま。「―な邸宅」「―な業績」2 十分に整っているさま。不足や欠点のないさま。「―に生活を立てていく」「―な大人」

良い土地とは、良く耕され、雑草が絶えず掻き取られ、作物が育ちやすくされた土地のことです。このような土地は自然状態では存在しません。耕して良い土地にするには、絶えず人の手が加えられないといけません。

ルカは収穫を「百倍」と記しています。聖書時代の最大限の収穫量だったようです。今日では品種改良が加えられているので、収量はまるで違います。たとえば、稲は苗を三本か四本を植え付けますが、ＮＨＫラジオで聞いたところによれば、一株（苗が増殖して株になることを分蘖《ぶんけつ》と言う）に二〇〇〇粒でき、それが茶碗一杯分だそうです。

稲を作って驚いたのはその収量ばかりではありません。大豆でも蕎麦でも古代米（稲の原種）でも、稔るとパラパラと大地に落ちてしまいますが、稲は脱穀機でしごくまで実が茎から落ちません。つまり収穫時期を問わないのです。これは品種改良の賜物なのだと、稲学者に聞きました。

太古からほとんど品種改良されていない作物は蕎麦です。分類学上、蕎麦は麦ではなく、蓼《たでか》科のようです。この蕎麦がおよそ百倍です。私は実を数えて確認しています。どんな傾斜地でも、少々の乾燥地でもできるたくましい作物で、干ばつで稲ができないとわかってからまいても間に合うので、かつては救荒作物でした。

蕎麦はこのようにたくましくて成長が早いので雑草掻きはほとんど必要ありませんが、それは例外で、「良い土地」といえども、耕すことなくしては成長できません。み言葉を受け入れる「砕かれた心」、すなわち謙虚な心こそ「耕された心」（立派な善い心）であって、この心なくしては、感謝と喜びの花を咲かせ、信・望・愛の作物を稔らせることはできません。

「忍耐して実を結ぶ」（15節）と主イエスは言われます。作物の成長に「忍耐」を見ておられることに私は興味と納得を覚えます。「砕かれた心」と挫折経験とは深い関係にあります。挫折で打ちのめされる経験をとおして私たちは謙虚を学ぶ機会が与えられます。それが「耕される」ということではないでしょうか。

作物は、ある時期になると、生育成長から生殖成長に切り替わります。その切り替えを促すのが危機です。たとえば、田んぼの水を抜いて「土用干し」を一週間ほどします。これは稲に開花を促すためです。「うかうかしていると子孫を残せないぞ」というメッセージを稲に与えるわけです。

「忍耐して」という主イエスの言葉に「苦難は忍耐を、忍耐は練達を、練達は希望を生む」というパウロのメッセージ（ローマ5・3〜4）を私は聞きます。ぬくぬくとした良い環境だけでは「実を結ぶ」ことはできません。「うかうかしていると生き延びられない」という危機に遭遇して、私たちは実を稔らせる成長に切り替えられるのです。

あとがき

二〇一九年七月一五日、神さまのもとへ旅立った父山本将信の足跡をたどり、説教集を発刊することができました。

書名ともなった「赦されて生きる」は、父のキリストとの出会いの物語であり、これまで赴任した各教会、また特別伝道礼拝などに招かれたいくつかの教会で説いた説教でもあります。本書に掲載するにあたっては、日本基督教団篠ノ井教会の主日礼拝説教と日本同盟基督教団小海キリスト教会の特別伝道礼拝説教の録音テープを起こして編集しました。

マルコによる福音書講解説教は、初任地である日本基督教団西片町教会の在任中に編集し、未出版となっていた遺稿から選びました。

「主の祈り」講解説教と「種まきの譬え話」のルカによる福音書講解説教は、最後の赴任地、日本基督教団篠ノ井教会における主日礼拝の説教要旨です。これらは、晩年の父が証しとして毎月発行していた私信「おとづれ」に掲載されたものから採りました。

巻頭言は、西片町教会員の籔田安晴さんにお寄せいただきました。感謝申し上げると共に、父の神学生時代以来六〇年に及ぶ、籔田兄との長く深い親交に感慨を覚えます。

発刊に向けて数多くある遺稿を読み、父のゆるぎない神さまへの信頼、そして御言葉に従い、イエスさまに倣って歩んだ父の豊かな人生を改めて感じることができました。

このような機会をくださった日本キリスト教団出版局の伊東正道さんに深く御礼を申し上げます。森本二太郎さんのすてきな表紙写真、諸教会からの資料提供、カワラヒワの会メンバーの心強いサポート、そして遺稿集の完成を心待ちにしてくださった皆様の励ましとお祈りに支えられましたことを心より感謝いたします。愛と希望に溢れたたくさんの神さまの御言葉をとりつぎ、人生の道しるべを遺してくれた愛する父に感謝を込めて……。

カワラヒワの会代表　山本みづき

二〇二〇年一一月三〇日

山本将信（やまもと・まさのぶ）
MASANOBU YAMAMOTO
1937 年、鳥取県倉吉市生まれ。
1955 年、鳥取県・三朝結核療養所にてニール・ブラウン宣教師より受洗。
1967 年、東京神学大学大学院修士課程修了。日本基督教団西片町教会副牧師を経て、1969 年、同教会主任牧師。
1994 年、同教会を辞任。同年 4 月より M. L. キング牧師の足跡を訪ねて米国アトランタに滞在、本土 48 州を車で巡る。
1995 年、日本基督教団岩村田教会主任牧師。
2003 年、日本基督教団篠ノ井伝道所（後に篠ノ井教会）主任牧師。
2013 年、隠退。在任中より長野県佐久穂町にプロのアドバイスのもとログハウスをセルフビルド、定住。
2019 年、召天。

「山谷（やま）農場」「キング研究会」等の活動を主宰。
訳書にゴルヴィツアー著『神われらと共に』、共訳に朴炯圭著『解放への巡礼』、共著に『心の病いとその救い』（以上新教出版社）。妻・山本愛子との共著に『アメリカをたぐる』（ハイネ社）がある。

装幀・熊谷博人
カバー写真・森本二太郎

山本将信説教集
赦されて生きる

2020 年 12 月 14 日発行

著　者　山　本　将　信
発行所　日本キリスト教団出版局
〒 169-0051　東京都新宿区西早稲田 2-3-18
電話・営業 03（3204）0422、編集 03（3204）0424
http//bp-uccj.jp/
印刷・製本　三松堂

ISBN978-4-8184-1075-6 C0016　日キ販
Printed in Japan